PROCÈS

DES

TROIS ANGLAIS.

SIR **WILSON**, *Général major Anglais.*
SIR **HUTCHINSON**, *Cap.ne de Grenadiers de la Garde Royale Anglaise.*
ET MICHEL **BRUCE**, *Citoyen Anglais.*

PROCÈS

DE SIR ROBERT WILSON,

HUTCHINSON, MICHEL BRUCE,

ET AUTRES ACCUSÉS,

CONCERNANT L'ÉVASION DE M. DE LAVALETTE.

SECONDE ÉDITION,

Contenant toutes les pièces de la procédure, l'acte d'accusation, *les premiers interrogatoires* subis par les trois Anglais ; avec le réquisitoire de M. l'avocat-général, les plaidoiries des avocats, et les discours prononcés par les accusés ; le résumé de M. le président, et l'arrêt rendu par la Cour d'Assises ;

Précédé d'une Notice historique sur les trois Anglais, et *suivi* de la relation exacte de la fuite de M. de Lavalette hors de France, écrite par M. DUPIN, avocat; *édition correcte* ;

Orné du portrait des accusés Anglais, et d'une gravure représentant Madame de Lavalette en prison.

———————

A PARIS,

Chez
- PLANCHER, Éditeur, rue Serpente, n°. 14;
- EYMERY, Libraire, rue Mazarine, n.º 30;
- DELAUNAY, Libraire, au Palais-Royal.

1816.

CET OUVRAGE SE TROUVE:

A		Chez les Libraires
Bordeaux.	. . . .	MELON.
Bruxelles.	. . . .	LECHARLIER.
Cambray.	. . . .	HUREZ.
Le Hâvre.	. . . .	CHAPELLE.
Le Mans.	. . . .	TOUTAIN.
Liége	. . . .	DESOER.
Lyon	. . . .	FAVERIOT.
Rennes	. . . .	BLOUET.
Rouen	. . . .	{ FRÈRE. { RENAUT.

NOTICE HISTORIQUE.

Peu d'affaires présentent de plus grandes questions à résoudre, que celles qui se rencontrent dans ce procès fameux ; on peut dire qu'elle offre un intérêt tout européen. Trois Anglais, MM. Wilson, Bruce et Hutchinson, enfans d'une terre libre et illustrée par la générosité de ses institutions, se sont dévoués pour sauver un homme étranger à leur patrie, et qui jusqu'alors leur était inconnu. Un seul d'entre eux, sir Hutchinson, était en activité de service auprès des armées stationnées en France. Les autres n'avaient voyagé à Paris que pour visiter cette ville, pour étudier les mœurs françaises. Un malheureux, échappé comme par miracle au glaive de la justice, s'était jeté entre leurs bras, leur avait demandé leur protection, et, sans réfléchir aux conséquences d'une action qui leur paraissait noble et généreuse, ils avaient cru qu'en suivant la voix de leur conscience ils ne pouvaient commettre un crime. Pénétrés de ce sentiment de compassion qui s'attache à une grande infortune, ils avaient saisi l'occasion de servir un homme dont la voix publique leur avait appris le nom et la disgrâce, et s'étaient imaginés que la loi ne peut condamner ce que l'humanité approuve.

Nous dirons fort peu de chose de la vie militaire et politique des accusés. L'un d'eux a long-temps combattu dans les rangs ennemis, et notre histoire n'a point dû chercher à s'enrichir du récit de ses exploits. Cependant il est des actions d'un éclat si brillant qu'elles enchaînent l'estime et l'admiration des adversaires eux-mêmes. Toute l'Europe a rendu justice à la bravoure de nos armées; il est de notre dignité de nous montrer aussi justes qu'elle, et de rendre estime pour estime à ceux que nous avons combattus.

Sir Wilson fut souvent chargé de missions honorables dont il s'acquitta avec gloire. Il obtint souvent des décorations sur le champ de bataille; il fit, avec distinction, les campagnes de Flandre, de Hollande, d'Irlande, du Helder, d'Égypte, de Pologne, d'Espagne, de Russie, d'Allemagne et d'Italie. Quelque recommandable qu'il se soit rendu par sa bravoure, la noblesse et la bonté de son cœur le font plus aimer encore. Tous les hommes, amis ou ennemis, de quelque nation qu'ils fussent, ont toujours eu un droit égal à ses bienfaits. Il ne voyait en eux que les membres de la grande famille, auxquels il devait des secours s'ils étaient pauvres, des consolations s'ils étaient malheureux, un appui s'ils étaient persécutés.

En 1808, lorsqu'au mépris d'une capitulation, la garnison française d'Alméida fut exposée aux fureurs d'une soldatesque avide à laquelle s'étaient réunis des paysans armés, sir Wilson, à la tête d'une poignée d'hommes, résista au torrent. Il réprima les Portugais en les menaçant d'une guerre avec l'Angleterre. Le combat dura trente-six heures, et le généreux étranger parvint enfin à frayer un passage à la garnison française.

A Moscou, il sauva la vie au neveu du duc de Feltre; il le prit sous sa protection, l'aida de son crédit, de sa bourse, de ses soins, et lui offrit même la liberté.

L'aide-de-camp du maréchal duc de Reggio, neveu du prince de Talleyrand, fut pris au passage de la Bérésina. Il n'est point de soins que sir Wilson n'ait eus pour ce malheureux jeune homme, point d'offres qu'il ne lui ait faites. Il changea le lieu de son exil, et le fit passer dans le midi de la Russie, quoiqu'il eût été préalablement décidé que le prisonnier serait relégué dans les déserts glacés de la Sibérie.

Tous les militaires français qui connaissent sir Wilson déposent que ce noble ennemi a toujours prodigué les soins les plus touchans aux prisonniers français. Tel est le caractère de l'accusé. Il s'est fait depuis long-temps des habitudes d'humanité et de philanthropie. Dans ses interrogatoires, il a continuellement déployé cette franchise qui appartient à une âme libre, pour laquelle ce sentiment est encore agrandi par la noblesse des institutions dont il a été, pour ainsi dire, nourri. Ses compagnons ont pris plus ou moins part à l'évasion de Lavalette; jeunes encore, ils sont moins connus que le premier, mais leur conduite ne laisse pas douter qu'ils ne rivalisent avec leur ami de courage et de vertu.

Plusieurs autres personnes sont également impliquées dans le procès. Leur nom sera donné avec les pièces de l'instruction.

EXTRAITS

DES INTERROGATOIRES

DE SIR WILSON, MICHEL BRUCE,
ET HUTCHINSON.

INTERROGATOIRES DE SIR ROBERT WILSON.

Premier interrogatoire. — 13 janv. 1816.

CE JOURD'HUI, treize janvier mil huit cent seize, à deux heures de relevée, en exécution des ordres de Son Excellence le Sécrétaire d'Etat Ministre de la police générale :

Nous, soussignés, Pierre-Georges-François Monnier et Pierre Malleval, commissaires de police de la ville de Paris, nous sommes transportés à l'hôtel de la préfecture de police, où étant, dans le cabinet de Monsieur l'inspecteur-général Faudras, nous avons transmis l'ordre verbal au concierge du dépôt établi dans ledit hôtel, d'en extraire et d'amener devant nous, pour être interrogé, le général anglais Robert Wilson, arrêté ce matin, comme il conste du procès-verbal de notre collègue Ferté, en date de ce jour. Ledit concierge nous ayant fait prévenir que sir Robert Wilson ne voulait point se rendre devant nous, et qu'il disait être déterminé à ne faire aucune réponse à tout interrogatoire auquel il serait procédé envers lui par suite d'un ordre non revêtu de la signature de son excellence l'ambassadeur d'Angleterre en France, nous nous sommes rendus au dépôt auprès de lui pour nous assurer de ces faits, et étant dans sa chambre, nous lui avons demandé ses noms, prénoms, etc.

Rép. Je ne veux pas répondre à cette question.

Int. Pourquoi ne voulez-vous pas répondre à cette question ?

Rép. Je ne veux répondre à aucune question faite par qui que se soit avant que l'ambassadeur d'Angleterre ait été

Inter.   I instruit de mon arrestation et que j'en aie la certitude. Je réclame toutes les dispositions et tous les procédés voulus par le droit des gens. Je proteste contre l'arrestation de ma personne, faite sans la participation de l'ambassadeur d'Angleterre, et contre l'outrage que l'on m'a fait d'entrer dans la chambre où j'étais couché avec mon épouse, et de faire perquisition et saisie de mes papiers et des siens. Je demande que la présente réponse que je vous fais soit communiquée à l'ambassadeur d'Angleterre.

Int. Reconnaissez-vous pour être intact le cachet apposé sur le panier d'osier que je vous présente et qui contient les papiers saisis chez vous? Voulez-vous que nous procédions à l'ouverture de ce panier, au dépouillement et à la reconnance des pièces qu'il renferme?

Rép. Je ne le veux point, par les raisons déjà exposées.

Et lui ayant représenté que son refus de répondre aux questions que nous sommes chargés de lui faire ne peut être fondé sur aucune loi du droit des gens par lui invoqué, et qu'il paraît être dans l'erreur, s'il pense que les formes de la procédure criminelle de l'Angleterre doivent être suivies en France à l'égard des Anglais qui peuvent y être arrêtés.

Rép. J'ai la conviction que je suis fondé à ne pas répondre à vos questions, et je ne veux pas répondre.

Et plus n'a été interrogé.

Lecture à lui donnée du présent interrogatoire, il a dit qu'il contenait la vérité, et a signé avec nous.

Ainsi signé à la minute, ROBERT WILSON, MONNIER et MALLEVAL.

Deuxième interrogatoire. — 14 janvier.

Interpellé sur ses nom, prénoms, etc.

R. Je me nomme Robert-Thomas Wilson, natif de Londres, âgé de trente-huit ans, général-major en non activité, demeurant à Paris depuis trois mois et demi, rue de la Paix, numéro vingt-un, avec mon épouse et mon enfant.

Int. N'avez-vous pas pris intérêt au sort du maréchal Ney? S'il eût dépendu de vous, n'auriez-vous pas voulu le soustraire à l'exécution de sa sentence?

Rép. Avec plaisir.

Int. N'aviez-vous pas formé des projets pour cet effet, et ne vous étiez-vous pas concerté avec des amis pour cela?

Rép. D'abord j'observe sur cette question et sur la précédente que ce n'est pas à l'exécution de la sentence que j'aurais désiré pouvoir le soustraire, puisque j'appris presqu'en même temps sa condamnation et sa mort. Quant aux projets par moi formés et aux mesures que vous supposez prises par moi, je répondrai que je n'ai pas même pensé à la possibilité de l'évasion du maréchal Ney.

Int. Que signifie le billet par vous adressé à M. Hutchinson, sous la date du treize décembre, où il est question de choses qui ne doivent être entreprises qu'avec la certitude du succès, et de démarches faites auprès de l'ambassadeur pour sauver Linois et autres, lequel billet je vous présente ?

Rép. J'ai écrit ce billet ; mais je ne veux vous donner aucune explication : vous n'avez pas le droit de m'en demander. Au surplus, mon opinion dans l'affaire de Ney est très-prononcée : je pense qu'il ne pouvait être jugé ni condamné sans violer la capitulation de Paris.

Int. Dimanche dernier, à environ huit heures du soir, n'étiez-vous pas chez M. Hutchinson, rue du Helder, numéro trente-deux ; n'y passâtes-vous pas une partie de la soirée ?

Rép. Je ne veux pas répondre. Je demande que l'on me fasse connaître les charges qui existent contre moi, et qu'il me soit permis de communiquer avec mon ambassadeur ou avec quelques personnes désignées par lui, ainsi qu'avec ma femme, mon enfant et mes amis. Je demande aussi que l'on ait pour moi les égards dûs à mon grade.

Int. Les charges qui existent contre vous sont que vous avez favorisé l'évasion du condamné à mort Lavalette ; que le huit du courant, au point du jour, vous l'avez pris au logement de M. Hutchinson ; que vous êtes parti avec lui dans un cabriolet découvert, qui est sorti par la barrière de Clichi ; que vous avez changé de chevaux à la chapelle-en-Cerval ; que vous avez changé de voiture à Compiègne ; que vous avez passé, étant toujours avec lui, par Cambray et Valenciennes. Qu'avez-vous à répondre à cette accusation ?

Rép. Quand je serai devant un tribunal compétent, je répondrai à cette accusation.

Et plus n'a été interrogé.

Lecture à lui faite du présent interrogatoire, il dit qu'il contient vérité, et a signé avec nous ; observant, relativement à l'amiral Linois, qu'il ne le connaît pas ; qu'il ne l'a jamais vu ; qu'il n'y a jamais eu de communications d'aucune nature entre eux ; et que, s'il prend intérêt à son sort, c'est parce qu'il pense que la capitulation conclue avec Linois ne permettait pas qu'il fût livré par l'Angleterre au gouvernement français, et pour être mis en jugement; que c'est une tache à l'honneur de l'Angleterre, et que c'est par ce seul motif qu'il a plusieurs fois parlé en faveur de Linois à l'ambassadeur Stuart, en le priant d'intéresser le duc de Wellington pour cet amiral.

Ainsi signé à la minute ROBERT WILSON, MONNIER et MALLEVAL.

Troisième interrogatoire. — 15 janvier.

Int. Général, hier nous vous fîmes connaître les charges qui existent contre vous, conformément à la demande que vous nous en aviez faite. Maintenant que vous avez été satisfait sur ce point, nous attendons aujourd'hui de la noblesse de votre caractère et de votre loyauté des réponses franches et cathégoriques sur les questions que nous allons vous faire. Vous n'avez plus de motif, plus de raison pour vous refuser plus longtemps à fournir les renseignemens nécessaires au sujet des préventions qui s'élèvent contre vous.

Connaissez-vous l'écrit que je vous présente, ayant pour titre : *Rapport fait par M. Pozzo di Borgo à l'empereur de toutes les Russies, sur l'état actuel de la France, décembre mil huit cent quinze?*

Rép Cette pièce n'est pas de mon écriture : je sais qu'il en circule beaucoup de copies manuscrites. On m'a dit qu'elle a été imprimée en Angleterre, après avoir été traduite en anglais, et même qu'elle a été insérée dans les journaux. Je ne connais point l'écriture de la pièce que vous me présentez : j'ai eu fréquemment des copies de ce rapport; on m'en a prêté, j'en ai rendu. Quant à l'auteur, je crois qu'il n'y a pas de doute que ce soit M. Pozzo di Borgo. Si ce n'est pas lui, j'ignore qui a pu prendre son nom.

Int. En passant à la Chapelle-en-Cerval, le huit du courant, quatre gendarmes français n'étaient-ils pas présens lorsque vous changeâtes de chevaux? Ne leur dites-vous pas que vous alliez choisir des cantonnemens pour une partie de l'armée anglaise?

Rép. Je ne veux pas qu'on me prenne pour un enfant. J'ai déclaré que je ne répondrais pas à des questions de cette espèce : je n'y répondrai pas. Plus on me gênera, plus on me vexera, plus on me privera de la société de ma femme, de mon enfant et de mes amis, et plus on me

trouvera inébranlable dans ma résolution de ne pas répondre. On me mettrait à la question que je ne répondrais pas. Lorsqu'on s'est permis d'attenter à ma liberté,
on n'a dû le faire qu'avec des preuves acquises de ma
culpabilité. Qu'on fasse donc valoir ces preuves devant le
tribunal qui doit me juger, et je me défendrai. Si l'on a
attenté à ma liberté sans preuves de culpabilité, on a
commis envers moi un acte arbitraire et tyrannique, et
il est absurde de prétendre acquérir par mes réponses les
preuves que l'on devait avoir avant mon arrestation. On
a beau me dire que si l'on trouve mes réponses satisfai-
santes, je puis n'être pas mis en jugement, et avoir ma
liberté ; je refuse ce bénéfice perfide des interrogatoires
préliminaires. Je ne veux pas répondre absolument ailleurs que devant un tribunal : il est inutile de me tenter
ou de me tâter sur ce point ; c'est un parti pris.

Et plus n'a été interrogé. Lecture, etc.

Quatrième interrogatoire. — 15 janvier.

Enquis de ses noms, prénoms, âge, profession, lieu
de naissance et demeure,

A répondu :

Je m'appelle Robert-Thomas Wilson, etc.

Dem. Le sieur Bruce n'est-il pas allé le deux ou trois de
ce mois vous engager de faire tous vos efforts, et de vous
réunir à lui pour faire sortir de France Lavallette?

Rép. Je déclare que je ne ferai aucune réponse avant
qu'on ne m'ait laissé communiquer avec l'ambassadeur
d'Angleterre ; il représente ici mon gouvernement ; je ne
connais et ne dois connaître que lui, et je désavoue formellement toute procédure qui se trouverait en contradiction avec le droit des gens.

Dem. Mais votre qualité d'étranger ne peut vous donner en France, ni dans aucun autre pays, le droit de
vous soustraire aux lois qui intéressent le bon ordre et la
sûreté publique.

Rép. Je ne prétends pas me soustraire aux lois de la
France ; mais je veux, conformément à celles de mon pays,
éviter un interrogatoire, à l'aide duquel on voudrait, avant
l'instruction publique, tirer parti contre moi des réponses
que l'on m'arrachera d'autant plus facilement que je suis peu
familiarisé avec la langue. Je suis accusé, le gouvernement
français est mon accusateur ; c'est à lui à se présenter

(6)

contre moi avec des preuves ; ce n'est pas à moi de les lui
fournir ; enfin je persiste à demander préalablement qu'il
me soit accordé de communiquer avec l'ambassadeur de
mon pays.

Dem. Ce raisonnement est dans les principes de votre
législation, mais il ne s'accorde point avec la nôtre : tout
délit doit être poursuivi et instruit d'après les lois du lieu
où il a été commis, et nos lois refusent formellement
toute communication au prévenu avant qu'il ait subi interrogatoire.

Rép. Cette loi me paraît répugner aux notions les plus
communes de l'équité ; elle tend à punir un accusé avant
qu'il ait été déclaré coupable, c'est une sorte de *question
morale* que vous avez substitué à la *question physique*. Au
surplus, je n'en persiste que davantage dans mon refus,
et je déclare positivement que j'entends ne répondre à
aucune des questions qui me seront adressées sur l'évasion
de M. de Lavalette, et sur la prétendue part que j'y aurais prise.

Après plusieurs sommations réitérées, le prévenu ayant
toujours refusé de satisfaire aux questions que nous lui
avons adressées, nous avons terminé le présent interrogatoire, en ajoutant toutefois, sur la demande du général
Wilson, qu'il réclamait les honneurs et les égards dûs à son
rang ; qu'on ne saurait les lui refuser, puisqu'il n'est pas reconnu coupable.

Lecture faite, le prévenu a dit persister, et a signé avec
nous et le greffier. Mais avant de signer, le prévenu a
demandé que l'on insérât, à la suite de cet interrogatoire,
la demande qu'il entend former, que ledit interrogatoire et
tous ceux qui l'ont précédé soient communiqués à l'ambassadeur d'Angleterre, et a signé avec nous et le greffier, après
lecture de cette addition, etc.

Cinquième interrogatoire. — 24 janvier.

Enquis de ses nom, prénoms, âge, profession, demeure
et lieu de naissance.

A répondu : je m'appelle Robert Wilson, etc.

D. Connaissiez-vous Lavallette avant sa mise en jugement ?

R. Avant de répondre à aucune question, je demande
l'annexe au procès-verbal de la pièce que je remets, et qui
contient ma prostestation solennelle contre une procédure

dont je n'entends point reconnaître la légitimité. Je demande que cette pièce soit signée et paraphée *ne varietur* par monsieur le juge d'instruction et par le greffier ici présent :

Et à l'instant ayant pris lecture de ladite protestation, écrite sur les trois premières pages d'un feuillet de papier à lettre, nous avons donné acte audit sieur Wilson du dépôt de ladite pièce, que nous avons de suite, en sa présence, cotée et paraphée à chaque page, et signée et paraphée *ne varietur* en fin d'icelle. (L)

Nous avons alors répété notre première demande.

D Connaissiez-vous Lavallette avant sa mise en jugement ?

R. Non, Monsieur.

D. L'avez-vous connu depuis, et l'avez-vous vu dans la prison ?

---

(1) *Protestation de Sir R. WILSON, mentionnée dans son interrogatoire du 24 janvier, et annexée à la minute d'icelui.*

Avant de répondre aux interrogatoires, c'est de mon devoir d'exposer les motifs qui m'ont retenus jusqu'à ce moment, et qui me décident de changer de système,

1°. J'ai reçu l'assurance que M. Bruce et le capitaine Hutchinson ont déjà répondu, et ainsi je me trouve *libre à l'acquit de leurs procédés ;*

2°. L'application de la QUESTION MORALE n'existant plus dans toute sa première rigueur, j'ai l'occasion de faire parvenir le rapport de ma position à l'ambassadeur d'Angleterre, et de transmettre à sa responsabilité la défense des droits et des grands principes de la justice dont je fus chargé, et que j'aurais sû maintenir à toute extrémité sans l'ouverture de cette communication ;

3°. On m'a dit que par ma persévérance, et depuis les réponses de MM. Bruce et Hutchinson, et mes communications avec l'ambassadeur de ma nation, ma résistance devenant seulement personnelle, je diffère le procès et que je *prolonge l'état de souffrances de mes amis.*

M'impatientant aussi pour paraître devant les tribunaux, mais protestant toujours dans la manière la plus solennelle contre l'atteinte portée aux droits des gens, aux lois civiles et militaires de ma patrie, et les principes les plus sacrés et consacrés de la justice par un SYSTÈME INQUISITORIAL, et protestant toujours contre la production et l'usage *d'aucune évidence obtenue* ou *devant être obtenue de moi* ou de tout autre par ces moyens illégitimes, pour dresser et établir l'acte d'accusation contre moi et mes amis, je me dispose à écouter et à répondre aux interrogatoires, me réservant toujours le droit de donner telles réponses qui me semblent convenables, pas avec une vue égoïste, mais pour l'intérêt de tout prévenu à l'avenir, et pour ajouter force à une affaire qui ne peut que devenir nationale.

J'ai soutenu les prétentions et les droits des citoyens de la Grande-Bretagne. Je me repose avec confiance sur ma patrie pour la protection que je réclame.

R. WILSON.

Janv. 24. — 1816.

R. Je ne l'ai jamais vu dans la prison.

D. Saviez-vous, long-temps avant le huit de ce mois, que Lavallette était encore à Paris?

R. Je n'ai pas conservé le souvenir de la date; mais je crois que je n'ai eu connaissance qu'il était à Paris que le trois ou le quatre janvier, et je l'avais seulement entendu dire.

D. Ne vous fut-il pas proposé alors d'entrer dans un projet dont l'exécution avait pour but de faciliter sa sortie du royaume?

R. On m'a parlé avec ce désir.

D. Quelle est la personne qui vous a parlé ainsi?

R. Je suis né et élevé dans un pays où l'on respecte le devoir social comme le devoir public, et ainsi ma mémoire n'est pas organisée pour trahir l'amitié et la confiance.

D. Le dimanche, sept du courant, n'êtes-vous pas allé dans la soirée chez le capitaine Hutchinson, rue du Helder, numéro trois, et ne vous y êtes-vous pas trouvé avec Lavallette?

R. Je n'ai pas, comme je l'ai déjà dit, conservé le souvenir des dates; 2°. je rejette sur ma précédente réponse celle que j'ai à faire à l'égard du capitaine Hutchinson; 3°. je n'ai jamais été dans la société de quelqu'un où j'aie entendu le nom de Lavallette.

D. Dans cette société, avez-vous vu du moins un individu dont le nom aurait pu n'être pas prononcé devant vous, mais dont la figure vous était inconnue, et qu'à l'air de mystère qui régnait chez le capitaine, vous auriez eu lieu de soupçonner être arrivé dans l'intention de se cacher?

R. Je n'ai pas dit avoir passé cette soirée chez monsieur Hutchinson, et j'applique encore ici les réflexions précédentes.

D. Le lundi, huit du courant, n'êtes-vous pas allé le matin chez le capitaine, n'en êtes-vous pas descendu pour monter dans un boguet qui se trouvait dans la rue près ou en face de la porte cochère, et n'avez-vous pas emmené à côté de vous un homme que vous avez trouvé dans l'appartement du capitaine?

R. Comme, par la nature de ces interrogats, d'autres personnes que moi se trouveraient impliquées, je dois me tenir sur la défensive et garder le silence.

D. Convenez-vous alors que vous avez aidé Lavallette à

sortir de Paris, ensuite de France, en l'emmenant à côté de vous et sous les habits d'un officier anglais?

R. Je répète que jamais personne n'a paru devant moi sous le nom de Lavallette. Il est bien vrai, qu'à l'époque dont vous parlez, ou à-peu-près, j'ai emmené hors de France un particulier vêtu d'une redingotte d'uniforme, mais qui n'est point affectée exclusivement aux militaires et que tous les individus ont droit de porter : je n'ai pas remarqué que sous cette capotte il y eût un habit d'uniforme.

D. Sous quel nom ce particulier s'est-il fait connaître à vous?

R. Comme ce particulier avait probablement des raisons de ne pas faire connaître son nom, je ne me crois pas autorisé à le dire.

D. Si vous ne le connaissiez pas, quel motif si puissant a pu vous déterminer à faire un voyage aussi long et aussi dispendieux pour l'accompagner jusqu'à la frontière?

R. Mes motifs ne sont pas des actes; alors je me trouve autorisé à n'en rendre aucun compte; mais j'aurais honte de moi-même si l'amitié, ou seulement le désir de rendre un léger service à quelqu'un que je pourrais croire en avoir besoin, n'était pas suffisant pour m'engager à entreprendre un voyage beaucoup plus long et beaucoup plus pénible.

D. Lorsque vous passâtes par Valenciennes, et que vous voulûtes obtenir un permis de poste, y déclarâtes-vous votre véritable nom?.

R. Il est vrai que j'ai passé par Valenciennes, et je crois y avoir dit mon véritable nom ; mais dans tous les cas, et quand je l'aurais déguisé, la sûreté de la personne qui m'accompagnait aurait assez justifié cette précaution si je l'eusse cru utile. A mon retour en France, je n'ai jamais caché mon nom, et avec mon nom j'ai passé la frontière et les places fortes.

D. Reconnaissez-vous le permis que je vous représente pour vous avoir été délivré à Valenciennes, pour vous et la personne qui vous accompagnait?

R. Je ne m'en souviens pas.

D. Lorsque vous êtes arrivé à Compiègne, où vous vous êtes reposé, avez-vous été, ainsi que votre compagnon de voyage, reçu par un Anglais ou par un Français?

R. Je ne puis et ne veux rien dire de ce qui ne m'est pas purement personnel; cependant je dois à la vérité de déclarer, sur mon honneur, qu'aucun Français, de quelque classe que ce soit, du moins à ma connaissance, n'a été mêlé dans cette affaire du moment que je me suis chargé du particulier : cette déclaration s'applique tant à Paris qu'aux autres points de mon voyage.

D. Vous êtes-vous porté de vous-même, ou par une inspiration étrangère, à faire le voyage en question ?

R. On m'avait dit que ce voyage était nécessaire pour les intérêts du particulier ; je n'ai jamais eu besoin d'efforts ni de la persuasion de personne pour me porter à faire une action que je crois honorable, et que ma conscience approuvait : honorable, parce que cet acte était plus que désintéressé ; approuvé par ma conscience, parce que je suis persuadé que tout homme honnête et de ma patrie, depuis le premier rang jusqu'au dernier, l'approuvera dans son cœur.

Lecture faite, le prévenu a dit ses réponses contenir vérité, y persister, n'avoir rien à y changer ou ajouter, a signé avec nous et le greffier, tant le présent que le permis y énoncé, et la protestation déposée par le prévenu.

Ainsi signé à la minute :

WILSON, DUPUIS et DECOSTE.

Sixième interrogatoire. — 9 février.

Dem. Reconnaissez-vous la corbeille que je vous représente, et qui est ficelée et cachetée du sceau de la Préfecture de police ?

Rép. Non, Monsieur ; mais avant de répondre à toute espèce de questions, je demande qu'en tête de votre procès-verbal soit consignée la protestation que je renouvelle formellement sur le droit que l'on prétendrait avoir de m'interroger. Je déclare en conséquence méconnaître tout ce qui peut avoir pour objet d'établir contre moi, et avant ma mise en jugement, des preuves ou même de simples présomptions résultantes de ce *système inquisitorial*.

Et à l'instant, ayant rompu le cachet apposé sur les deux bouts de la ficelle servant à fermer la corbeille, nous avons fait l'ouverture d'icelle et lui avons raprésenté tous les papiers qu'elle contient.

Nous avons ensuite formé de tous ces papiers cinq liasses.

La première de ces liasses contient douze pièces, toutes adressées à lady Wilson.

La deuxième liasse contient dix-huit pièces, composées d'un mémoire adressé à lord Castlereagh par le général Wilson, à l'effet de rappeler tous les services publics rendus par ce dernier dans la dernière guerre entre la France et la Russie, et des pièces produites à l'appui de ce mémoire.

La troisième liasse contient quatre lettres originales, également relatives au mémoire énoncé dans la deuxième liasse.

La quatrième liasse contient des pièces composées de notes et observations faites dans un voyage du général dans l'Asie mineure, au mont Ida.

La cinquième et dernière liasse contient soixante-quatre pièces composées de recettes diverses et mémoires de dépenses, tant en anglais qu'en français.

Nous avons également trouvé dans ladite corbeille, 1°. une lettre adressée à miss Rhodes, venant d'Angleterre, et écrite en langue anglaise, et le général Wilson nous a déclaré que cette demoiselle est la demoiselle de compagnie de son épouse.

2°. Enfin une lettre signée *Bruce*, sans adresse et sans date.

Le général Wilson ayant pris lecture de cette lettre, nous a fait observer qu'elle ne lui est point adressée ; qu'il est facile de s'en convaincre par les expressions presque respectueuses de cette lettre, et qui ne sont point conformes à l'intimité qui existe depuis plusieurs années entre M. Bruce et lui : ce ne peut être que par erreur que cette lettre se trouve parmi les papiers.

Ce fait, nous avons apposé notre cachet et celui du général Wilson sur les deux bouts de la ficelle attachant chacune des liasses ; nous avons coté et paraphé toutes les pièces en tête d'icelles, ainsi que les deux lettres qui ne font pas partie des liasses, lesquelles deux lettres ont été signées et paraphées *ne varietur*.

Lecture faite du présent, le général Wilson a signé avec nous et le greffier.

Ainsi signé à la minute :

WILSON, DUPUY et DEROSTE.

Septième interrogatoire. — 14 février.

D. Est-ce bien par un sentiment de pure générosité, comme vous l'avez dit dans votre premier interrogatoire ;

que vous avez pris part à l'évasion de Lavallette, et n'est-ce pas plutôt dans des vues toutes politiques, et par suite d'une opposition marquée aux actes du Gouvernement ?

R. Je commence par renouveler mon ancienne protestation contre ce *système inquisitorial*, et passant de suite à votre question, je réponds que je n'ai pas nommé M. Lavallette comme le particulier que j'ai accompagné jusqu'aux frontière; mais dans tous les cas, je conviens que lorsque l'on m'a proposé de sauver M. Lavallette, *la politique n'eut pas pour un moment d'influence sur ma décision, et ma conduite a été dirigée par un sentiment impératif d'humanité qui m'aurait fait sauver un ennemi dans les mêmes circonstances.*

D. Vous conviendrez cependant que l'indifférence que vous deviez avoir pour un homme qui vous était inconnu, et l'aversion profonde que vous ne cachiez pas pour le Gouvernement, ont dû naturellement faire croire que ce dernier sentiment à pu seul régler votre conduite dans cette affaire?

R. J'ai répondu aux faits; je n'ai point à m'occuper de la possibilité à l'égard de l'aversion profonde que l'on me suppose si gratuitement pour le Gouvernement français. Je déclare que je ne me suis jamais mêlé d'un acte de ce Gouvernement dans lequel l'honneur et la bonne foi de ma nation ne se trouvaient pas intéressés, et que j'avais le droit, comme anglais, de critiquer.

D. Pourquoi donc, lors de l'affaire de Lavallette, affaire étrangère à votre gouvernement, vous êtes-vous efforcé de jeter de l'odieux sur les personnes à qui leur devoir prescrivait les poursuites à faire contre lui ? Pourquoi les avez-vous traitées de *persécuteurs qui multipliaient leurs efforts pour assurer leur triomphe sanglant ?* Pourquoi ajoutiez-vous *qu'ils avaient découvert la trace de leur proie, et que l'évasion de Lavallette n'avait fait que rendre ces monstres plus furieux ?*

R. Sur le premier article de cet interrogatoire, je réponds que l'affaire de M. Lavallette, abstraction faite de la part que j'ai pu prendre à son évasion, n'était point étrangère à un Anglais; il existait une convention signée du général anglais, et ratifiée du Gouvernement anglais, et la mise en jugement de M. Lavallette était une violation manifeste de cette convention. Je ne nie pas que j'aie fait usage des paroles que vous venez de rapporter, mais il faut que vous m'en fournissiez la preuve. Au surplus, j'ai

voulu écarter toute discussion politique : comme vous prenez l'initiative , je ne refuse pas de répondre.

D. La preuve que vous demandez résulte de la lettre que
je vous représente : la reconnaissez-vous et consentez-vous
à la signer et parapher *ne varietur?*

R. Je suis prêt à la signer et parapher *ne varietur. . . .*

D. Il paraîtrait que l'honneur de votre pays ne serait
pas la seule considération à laquelle vous auriez cédé dans
cette circonstance , puisque vous mettez vous-même en
avant , et pour la justifier, *la catastrophe de Lavallette ,*
que vous regardez comme un déshonneur pour la cause de
la liberté et de l'humanité

R. Ces deux mots , *liberté, humanité ,* deviennent la
preuve de mon explication. En effet, le mot *liberté* bien
entendu exprime le respect pour les lois , pour la justice :
ces lois étaient outragées par la violation du traité , et c'est
donc avec raison que je regardais cette cause comme celle de
la liberté liée à l'humanité. . . . .

Je n'avais pas besoin de détailler les divers sentimens
qui m'animaient, et suivant l'ordre où ils s'étaient présen-
tés à mon esprit ; je n'ai voulu lui donner qu'un tableau général ; et il y a une grande distinction à faire entre la précision qui appartient essentiellement à une lettre confidentielle adressée à un ami éclairé , et les développemens que
doit contenir une lettre destinée à être mise sous les yeux
du public.

D. Les expressions dont vous vous servez pour désigner
les personnes qui agissaient par ordre du gouvernement, la
haine qui perce dans la manière dont vous parlez du gouvernement lui-même , ne doivent-elles pas faire penser que
l'évasion de Lavallette n'a pas été pour vous un objet principal , mais simplement un moyen , un commencement
d'exécution d'un projet bien autrement vaste , d'un complot précédemment formé et arrêté de détruire ou changer
le gouvernement, ou l'ordre de successibilité au trône ?

R. Les expressions dont j'ai fait usage ont pris leur
naissace dans l'esprit de vengeance que j'ai remarqué dans
les persécutions dirigées contre le maréchal Ney et M. Lavalette , persécutions qui m'ont toujours paru un outrage
à l'honneur et à bonne foi de la nation anglaise, identi-
fiée avec la convention de Paris. Je n'ai jamais voulu indiquer particulièrement ni les agens du gouvernement, ni

toute autre personne comme blamables des persécutions
dont j'étais révolté ; mais j'ai entendu parler en général
de tous ceux qu'un zèle furieux, ou au moins exagéré,
portait à demander du sang, et à s'opposer au vœu que
le cœur du Roi avait émis, au su de tout le monde, d'user
de la clémence vis-à-vis de M. de Lavalette.

D. Comment pourriez-vous échapper à la forte présomp-
tion qui s'élève contre vous, d'avoir voulu détruire ou
changer le gouvernement, vous qui nous avez fourni vous-
même ce raisonnement, et qui, dans la lettre dont il s'agit,
ne dissimulez pas que les faits dont vous donnez le récit peuvent vous faire encourir le soupçon de conspirer clandes-
tinement, soupçon que vous annoncez l'intention de prévenir en communiquant au duc ce que vous aviez fait ?

R. Ma politique avouée et reconnue a toujours été de
laisser chaque nation indépendante, et de ne point m'immiscer dans les affaires de leur gouvernement ; mais j'ai
vu avec peine le gouvernement anglais porter en sacrifice
la constitution anglaise pour se lier à la politique française ; j'aurais vu avec plaisir la cessation de cette liaison.
Je ne suis jamais entré dans aucun complot ou association
contre le gouvernement français ; je me suis borné à confier, dans le sein de l'amitié, les pensées et les désirs que
m'inspiraient les circonstances ; c'est un droit qui naît
avec un Anglais, et que personne ne peut lui contester
lorsqu'il l'exerce simplement, et sans l'accompagner d'aucun acte préjudiciable au gouvernement.

Le duc dont il est question dans le passage qui vient de
m'être cité est le duc d'York, frère du prince régent, et
généralissime de toutes les armées d'Angleterre. Le désir
que j'annonce de lui communiquer ce que j'avais fait, et
pour éloigner tout soupçon d'une conspiration clandestine,
est la meilleure preuve que je puisse apporter de la pureté
de mes intentions.

D. Un de vos amis, dans une réponse qu'il vous adressait, ne vous faisait-il pas part du doute où il était que la
nation fût fortement indisposée contre les Bourbons, et ne
semblait-il pas consterné du défaut de démonstration de
mécontentement à cet égard ?

R. Cette question a été discutée en Angleterre depuis
le rétablissement des Bourbons, et elle s'y discute encore
aujourd'hui ; mais il faut me faire voir la lettre dont vous

me parlez, afin de me mettre à même d'entrer dans de plus grands détails.

D. L'exhibition de cette lettre ne peut avoir aucun intérêt pour vous ; mon but en ce moment, en vous rappelant la réponse, est de vous faire apercevoir le sens présumé, ou plutôt bien connu de la lettre qui l'avait provoquée, et de tirer cette conséquence palpable aux yeux des gens les moins prévenus, que vos opinions se trouvaient d'accord avec celles de votre correspondant, quoique celles-ci fussent en contradiction avec celles de votre gouvernement, celles de la France, et j'ajouterai celles de tout ce qu'il y a d'amis du repos et du bonheur des nations ?

R. 1°. Je proteste contre toute responsabilité pour les correspondances des hommes nés libres comme moi-même ; 2°. je m'oppose à la logique de l'induction : en effet, si la personne qui m'écrit avait été bien convaincue de la conformité de nos opinions, elle n'aurait pas pris tant de peine pour me développer les siennes et me les faire partager. Enfin, n'être pas d'accord avec la politique de son gouvernement, n'est pas un crime pour un Anglais, et j'avouerai franchement que la constitution de ma patrie, son indépendance et son bonheur, sont supérieurs à toute considération pour le salut du gouvernement français, et le repos établi sur les ruines de l'Angleterre.

D. Ce que vous dites sur la liberté des opinions repose sur un principe auquel notre gouvernement et notre constitution rendent également hommage. La loi ne recherche personne pour ses opinions particulières, à moins qu'elles ne soient émises dans la vue de troubler l'ordre public : tel est le caractère qui se fait remarquer dans les étranges paroles que je trouve dans cette lettre et que je vais vous rappeler : *Si l'on se propose de renverser l'ordre de choses actuel, le feu devrait être toujours entretenu et toujours visible, comme un rayon d'alarme, en France et dans l'étranger.*

R. Je demande communication de cette lettre avant de répondre, et pour connaître son auteur, et juger des motifs qui ont pu le porter à faire usage de semblables expressions.

D. La voici : la reconnaissez-vous ?

R. Oui ; celui qui l'a écrite m'a autorisé à le nommer : c'est mon frère. La phrase citée est un raisonnement purement spéculatif et hypothétique ; il n'a point d'objet présent. Son but, prouvé par l'ensemble de la lettre, était de m'établir ses calculs sur l'état de la France et de l'Angleterre.

D. La phrase qui précède me paraît repousser cette interprétation, et l'on y voit beaucoup moins une hypothèse qu'une véritable crainte, quand il dit : *Il règne dans les provinces une tranquillité qui peut dégénérer en une adhésion positive aux vues du souverain.*

R. Il n'est point dit *aux vues du souverain, mais des souverains ;* ce qui produit un sens entièrement différent. Je ne suis pas forcé de défendre mon frère ; il est capable et tout prêt à défendre sa propre cause ; mais mon frère étant ennemi du système des puissances coalisées, qu'il croit calculé pour faire le malheur et pas le bonheur de sa patrie, a exprimé ses craintes que le système actuel se consolidât ; et pour arriver à son but, il voudrait voir les peuples de toute l'Europe s'intéresser à leurs propres affaires, et regagner ce qu'il appelle leur souveraineté, ce qui base la constitution anglaise. Cette lettre, écrite en anglais, adressée à un frère, et qui n'a point été mise en circulation, ne peut pas être citée comme un acte illégal contre le gouvernement français.

D. Cette correspondance me paraît avoir établi, entre votre frère et vous, une sorte de solidarité et d'identité qui vous rend mutuellement responsables de vos opinions ; elle prouve qu'il n'existait pas seulement de votre part, à tous les deux, une opinion contraire au gouvernement, mais un complot et une intention réelle d'opérer son renversement : j'en trouve une preuve sans réplique dans le dernier paragraphe de cette lettre, où votre frère, ne voyant que trop que les faits lui manquent, vous dit : *Qu'il a besoin de faits pour établir ses espérances ; mais si nos amis décèlent trop de faiblesse* (et ceci prouve qu'ils étaient sur le point d'agir), *il vaut mieux ne rien tenter ; car à moins que la grande masse du peuple ne se mette en avant,* tout en définitif deviendrait de nul effet.

R. 1°. Je m'en réfère toujours à ma première protestation sur toute responsabilité relative à des opinions qui me sont étrangères ; 2°. je crois que mon frère ne parle pas de la France dans ce paragraphe par les motifs suivans:

Il rappelle une critique que j'avais faite sur Pery, éditeur du *Morningue Chronicle,* et il n'a en France aucune connaissance qui puisse autoriser le mot *nos amis;* enfin il serait absurde de penser qu'un homme qui vit en Angleterre, à la campagne et loin des affaires, puisse et veuille entrer dans un complot en France : il revient toujours sur le désir, légitime pour lui, de voir changer le système politique de l'Europe.

Si sa lettre avait pour objet la politique, on n'y verrait pas mêlées des affaires de familles, et d'autres tout à-fait indifférentes : et ce qui achève enfin de prouver qu'il ne s'agissait entre nous d'aucun complot, c'est qu'il ajoute : *Je suis fatigué de vos sentimens et de vos fortes opinions !* d'où il est aisé de conclure qu'il ne s'agissait entre nous que d'opinions. La lecture de la lettre en entier prouvera d'ailleurs beaucoup mieux que chaque passage séparé, qu'elle se rapporte principalement au sort de l'Angleterre, et au rétablissement de son indépendance distincte de ses liaisons actuelles avec la France.

D. Sans renoncer aux conséquences que l'on pourrait induire contre vous de cette correspondance, n'avez-vous pas vous-même, dans le mois de janvier dernier, écrit avec cet enthousiasme et dans ce langage qui était autrefois chez nous celui des plus ardens amis des révolutions ? *Le cri général est toujours* ils seront renversés: *ce cri a retenti jusques dans le Dowing Street : ore rotundo ?*

R. Cela est possible, je ne me le rappelle pas ; mais s'il est vrai que j'aie fait usage de ces mots, il est certain que je faisais allusion à quelques nouvelles envoyées au gouvernement ou par le gouvernement anglais : ce qui m'éclaire à cet égard, ce sont les mots *Downing street*, qui désignent le siége du gouvernement; ces mots, *ils seront renversés,* avaient probablement une application tout-à-fait étrangère au gouvernement français. J'ajoute que je n'ai pas formé mon langage ni mes opinions dans *vos écoles révolutionnaires.* Il est en tout conforme aux véritables principes des patriotes anglais.

D. Un de vos amis, dans une lettre qu'il vous écrivait au mois de novembre dernier, ne vous témoignait-il pas le regret *de ne pas voir paraître en France un chef marquant, en état de plaire; et de la soumission à laquelle le peuple français se montrait si disposé ?*

Inter.

R. Cela est possible : les journaux anglais donnent la preuve incontestable que ce désir existe dans une partie de la nation anglaise, et j'ai des amis dans tous les partis ; mais je ne me rappelle pas avoir reçu une semblable lettre.

D. N'avez-vous pas dit en présence de plusieurs personnes, et à plusieurs reprises ; n'avez-vous pas écrit même à sir Edouard Wilson, votre frère, que le détrônement des Bourbons était une chose irrévocable ?

R. C'est bien possible, mais toujours avec la condition sous-entendue et exprimée antérieurement, dans le cas où l'on persisterait dans un système de sévérité fait pour éloigner du roi le cœur des Français.

D. N'avez-vous pas, dans une autre lettre, annoncé la nouvelle à la fois controuvée et alarmante, que la tristesse augmentait de jour en jour à Paris, et que tout annonçait *l'approche d'une crise ?*

R. Je n'ai jamais eu de correspondance qu'avec mes compatriotes, et il peut se faire que je leur aie transmis l'impression que j'ai cru remarquer dans Paris, et qui d'ailleurs n'avait pas échappé aux journalistes anglais, qui enfin avait été annoncée dans la chambre même des députés.

D. Ce langage ne se réfère-t-il pas plutôt au complot précédemment arrêté, et cette conséquence ne résulte-t-elle pas des expressions suivantes, qui ne se rapportent plus à une proposition vague et indéterminée.

Le coup qui éclatera se fera ressentir ici d'une manière terrible ; et j'espère que les peuples de l'Europe ne seront pas sourds à l'appel qui leur sera fait ?

R. J'ai toujours nié l'existence d'aucun complot à ma connaissance. Je proteste contre ces extraits sans date et détachés de l'ensemble de la lettre ; je répète que, comme Anglais, j'avais le droit de communiquer à mes compatriotes mes opinions politiques, et je suis ennemi du système actuel établi en Europe, et nuisible aux intérêts, à l'honneur et à la constitution de ma patrie. Je déclare que je ne me souviens pas des expressions qu'on me cite, mais ces expressions même annoncent seulement ce qui arriverait, je crois, en France : l'appel n'est pas au peuple français, mais à tous les peuples de l'Europe, au soutien des priucipes que j'ai déjà annoncés.

D. Pourquoi, si vous ne vouliez pas vous immiscer dans les affaires de la France, annonciez-vous un si vif désir d'y intruduire et de faire traduire en françaie les articles politiques du journal intitulé *Edimbourg Review* ?

R. Je ne sais pas si j'ai jamais exprimé ce désir; mais cet ouvrage étant écrit par des hommes les plus éclairés de l'Angleterre, et contenant un précis de tous les ouvrages qui y sont publiés, j'ai pu désirer voir sa circulation en France, à la demande de plusieurs de mes amis.

D. Ces articles contenaient des priucipes politiques qui, de votre aveu, *ne pouvaient circuler qu'au moyen de copiés manuscrites, lesquelles, par cette raison, ne produiraient pas autant de bien que l'on aurait pu en obtenir d'imprimés* : par ces mots, *autant de bien*, n'entendiez-vous pas l'agitation des esprits et la circulation d'idées dangereuses et subversives du Gouvernement ?

R. 1°. L'Angleterre n'autoriserait pas la publication d'un ouvrage qui contiendrait des principes dangereux; 2°. l'ouvrage périodique d'Edimbourg ne se borne point à la politique, et d'ailleurs il ne paraît que tous les trois mois; 3°. comme Anglais, je suis élevé dans l'opinion que les discussions politiques ne produisent aucun mal, et sont l'âme de la liberté sage et du bien de l'état.

D. Pouvez-vous expliquer la nature des événemens extraordinaires dont vous annonciez que l'on entendrait bientôt parler en Allemagne ?

R. La *curiosité judiciaire* de la France doit se restreindre dans les limites de son territoire : d'ailleurs je ne puis répondre sans voir les pièces dans lesquelles on a puisé ces expressions. Je n'en redoute pas, j'en sollicite la publicité, ainsi que de tout ce que j'ai pu dire ou écrire.

Lecture faite, le prévenu a dit ses réponses contenir vérité, y persister, et a signé avec nous et le greffier, et a également signé et paraphé *ne varieteur* les deux lettres que nous lui avons représentées.

Ainsl signé à la minute :

WILSON, DUPUIS et DEROSTE.

Huitième interrogatoire. — 20 février.

D. Reconnaissez-vous, pour les avoir écrites, les trois lettres que je vous représente; l'une datée du six décembre dernier, et l'autre du vingt-huit du même mois, et la dernière du six janvier dernier, et consentez-vous à les signer et parapher *ne varietur?*

R. Renouvelant ma première protestation contre cet interrogatoire . . . . Je reconnais les trois lettres qui me sont réprésentées comme étant écrites dans le temps où la ville de Paris était occupée par les armées alliées, et notamment par les troupes anglaises, et contenant les nouvelles et les bruits circulant dans les sociétés diplomatiques et militaires ; non obtenus d'aucune manière secrète et illégale, et uniquement dans l'intent'on de donner à mon frère et à lord Gray des relations intéressantes que tôt ou tard ils auraient reçues par les journaux. Je consens à signer et parapher *ne varietur*. . . .

D. Mais n'avez-vous pas ajouté à ces bruits publics votre sentiment particulier? N'y avez-vous pas même laissé percer un manque de respect pour la personne du Roi, en disant, par exemple : « *Lord Wellington voyant qu'il ne peut » soutenir plus long-temps l'idole qu'il a élevée, etc.? »* Ne convenez-vous pas que cette dernière expression n'a pu être employée qu'en mauvaise part, et avec une sorte d'ironie injurieuse pour Sa Majesté?

R. 1°. Le roi de France n'est pas mon roi. 2°. Je puis faire usage des mêmes mots en parlant du roi d'Angleterre sans aucune offense et même sans crime, en supposant qu'on y attachât une idée ironique. 3°. Je ne veux entrer dans aucune discussion sur des lettres particulières . . . . J'ai écrit ce que je croyais, et non pas ce que je faisais. On ne peut pas me faire une accusation pour ma crédulité; mais je puis me faire des reproches à moi-même, et d'avoir écrit des anecdotes compromettant d'autres personnes sur les *on dit* des autres, sans avoir approfondi la vérité; mais je répète d'ailleurs que ces lettres étaient adressées à mon frère et à lord Gray, que je considérais comme mon ami le plus intime, et comme l'homme le plus discret. Pour prouver que je n'étais pas ici pour travailler contre le Gouvernement, il suffit de lire un des paragraphes de ma lettre du vingt-huit décembre dernier, ainsi conçu ; « *Je sors très-rarement pour « paraître dans aucune société publique, et il y a bien six « semaines que je ne me suis trouvé que dans la société de « mes meilleurs amis.* » Et l'ensemble de ces trois lettres ne fait que prouver la vérité de toutes mes réponses précédentes : savoir, que j'étais très-indigné de l'infraction de la convention; que je souhaitais la publicité des discussions du parlement pour instruire les peuples du continent; et que je pensais que le trône planté sur les baïonnettes étrangères, en ne reprenant pas ses bazes naturelles sur un système de clémence et de respect pour la bonne-foi, courait le plus grand danger de s'écrouler. Comme Anglais, j'avais le droit de m'exprimer ainsi, expressément dans les circonstances actuelles, quand le rétablissement du Roi était notre propre ouvrage.

D. Comment croire que ces expressions vous fussent dictées par un simple sentiment de prévoyance, lorsque, dans votre lettre du vingt-huit décembre dernier, vous « *blâmez votre Gouvernement de sa crainte de compromettre* » *la cause des Bourbons et celle de la légitimité en général;* » et que dans un passage plus bas, vous parlez « *d'un de vos amis* » *qui vous fait perdre patience, parce que*, dites-vous, » *il est devenu un maniaque légitime?* »

R. 1°. Je ne veux pas répondre à un fonctionnaire français au sujet de mes observations sur le Gouvernement anglais. 2°. J'avais le droit de nommer un Anglais qui adoptait la doctrine de la légitimité, ou fou, ou maniaque, ou traître; parce qu'il outrage le principe en vertu duquel la maison des Brunswick règne en Angleterre. 3°. Je suis charmé d'avoir cette occasion de réparer publiquement le tort que j'avais fait à cet ami, ainsi que je l'ai déjà fait en particulier.

D. Votre réponse n'embrasse pas toute la question que je vous adresse, et qui avait pour objet non-seulement vos observations sur la cause de la légitimité en général, mais encore celles qui s'appliquent à la cause des Bourbons en particulier.

R. Je me suis expliqué déjà sur ma politique et mes intentions de ne pas entrer dans des discussions sur des phrases détachées, et dont le sens considéré isolément, et par d'autres personnes que celle à laquelle elles étaient adressées, peut recevoir une interprétation différente de ma pensée.

D. Mais au moins il existe des passages sur le sens desquels il est impossible de se méprendre : ainsi, par exemple, lorsque dans cette lettre du six décembre vous annoncez des changemens dans le Gouvernement français, en disant.

« *Les affaires prennent un cours tout-à-fait contre-révolu-*
« *tionnaire,* » est-il possible de douter que vous ne révoquiez
en doute l'autorité légitime du Roi, et que vous ne la regar-
di z comme étant établie sur un principe de violence et de
révolution?

R. Je ne veux pas entrer dans une discussion gramma-
ticale qui pourrait nous entraîner beaucoup trop loin ; mais
je veux dire franchement, et j'espère finalement, que j'ai
toujours regardé le roi de France comme rétabli par la
force; que moi-même, comme Anglais, je ne respecte pas
ce que l'on appelle la *légitimité des souverains* lorsqu'elle
n'est pas sanctionnée par le peuple. Le mot *contre-révolu-*
tionnaire dont je me suis servi ne s'appliquait pas à la légitimité, mais seulement au changement qui devait s'opérer,
suivant mon opinion, fondée sur mes nouvelles, et par-
tagée par la presque totalité de l'Angleterre, même dans ce
moment.

D. Laissant de côté tout ce qui est relatif à des opinions
abstraites en fait de gouvernement, et m'attachant à ce qui
est personnel au Roi, je vous demande pourquoi vous avez
outragé son caractère, si connu de la France et de l'Europe
entière, en disant : « *Je le soupçonne de n'être pas sincère,*
» *de se jouer de ses protestations de clémence, et de soutenir*
» *les terroristes ?* »

R. Peut-être j'ai fait du tort aux intentions du Roi, que
j'ai connu personnellement autrefois, et qui m'a inspiré un
sentiment de respect, et je prétends le lui avoir témoigné
dans mes services publics qu'il connaît bien. Mais quand
j'ai vu que le Roi n'accordait pas la grâce, en quelque
sorte promise, à madame de Lavalette, et que les ministres
du Roi étaient d'obligés d'abandonner leurs mesures de
clémence déjà annoncées dans les Chambres, dans le premier
moment j'attribuai cette différence entre les promesses et la
réalité à un manque de sincérité de sa part, d'après le droit
surtout qu'il tient de sa souveraineté de dire : *Je le veux.*

Lors de mon arrivée en France, je n'y ai apporté que des
opinions conformes à son bonheur ; mais je différais sur les
moyens de l'établir, et j'ai toujours pensé que l'amnistie
seule pouvait produire cet heureux et prompt résultat.

D. Mais depuis vous avez formé le désir de voir renverser
le Gouvernement ; vous vous étayez dans vos conjectures à
cet égard, de l'opinion des ministres étrangers, et vous

cachiez si peu ce désir, que, tout en rapportant leurs conversations à ce sujet, vous dites; dans l'une de ces lettres : « *Ce n'est pas que je les regarde comme des oracles ; mais la* » *publicité de leurs prophéties leur prête de l'importance ;* » ce qui fait présumer que vous attachiez un grand prix à leur importance.

On ne peut pas inférer de ma part aucun désir semblable à celui qui m'est supposé, en se fondant sur l'expression *importance*, qui ne signifie rien dans notre langue et dans le passage où je l'emploie, que l'autorité que donnait à ces nouvelles la source d'où elles venaient

D. Mais à la suite de cette première réflexion, pourquoi parlez-vous d'un individu parti pour Milan en courrier autrichien, pour y porter l'avis que la crise était parvenue à sa maturité ; et ne doit-on pas en conclure que vous pouviez être à cette époque dans la confidence d'un complot qui devait avoir pour but de renverser le gouvernement ?

R. J'ai annoncé cette nouvelle qu'on m'avait donnée dans des cercles diplomatiques sans me donner aucun autre renseignement, et j'avais le droit de la communiquer ; mais à l'égard de l'accusation d'aucun complot tendant à renverser le gouvernement français, je répète que ma politique a toujours été uniforme sur ce sujet, de ne pas m'immiscer, moi ou ma patrie, si j'étais chargé de ses intérêts, dans les affaires intérieures de la France, et je défie qui que soit de prouver que je me suis écarté de ces principes. . . . .

On m'avait donné lieu, à cette époque, d'attacher de l'importance au départ de ce courrier ; mais quelque temps après, l'on me dit que l'on avait été trompé. Mais j'avais bien le droit de croire et d'annoncer qu'une crise menaçait, lorsque je voyais les troupes anglaises différer leur départ de jour en jour, nonobstant le traité de paix.

D. Mais n'alliez-vous pas plus loin que des conjectures, et ne parliez-vous pas d'après une connaissance particulière et positive, lorsque vous disiez : « *Il arrivera des scènes* » *sanglantes avant que la révolution puisse être consom-* » *mée ; mais le point est arrêté, et l'impulsion donnée ?* »

R. Je ne dis pas *il arrivera*, mais *il pourrait arriver*, ce qui change le sens de cette phrase, et convertit la certitude en possibilité. D'ailleurs les nouvelles précédentes justi-

fiaient cette opinion jusqu'au moment où j'ai été détrompé ;
et ces nouvelles ne se bornaient pas seulement au départ de
ce courrier, elles s'appliquaient à tous les événemens politiques qui faisaient alors le sujet de l'entretien général.

J'ajouterai enfin que mes opinions politiques, et je viens
d'en faire la déclaration franche, n'ont eu aucune influence
sur ma décision lors de la proposition qui me fut faite de
sauver M. Lavallette. Je n'ai entendu sauver qu'un homme
malheureux, dont les circonstances m'appelaient en quelque sorte à devenir l'arbitre de sa vie ou de sa mort, et
qui s'adressait à moi, non-seulement parce qu'il comptait
sur mon humanité personnelle, mais sur la générosité
nationale.

Lecture faite, le prévenu a dit ses réponses contenir
vérité, y persister, n'avoir rien à y changer ou_ajouter,
et à signé avec moi et le greffier.

Signé à la minute :

ROBERT WILSON, DUPUY et DEROSTE.

Neuvième interrogatoire. — 23 février.

D. Vos nom et prénoms, âge, profession, lieu de
naissance et demeure.

R. Je m'appelle Robert Thomas Wilson ; je suis âgé
de trente-huit ans, né à Londres, général major en non
activité, demeurant à Paris depuis trois mois, rue de la
Paix, numéro vingt-un.

D. Reconnaissez-vous pour être votre ouvrage, ou au
moins pour avoir été copié par vous, le rapport que je
vous représente, et que son titre attribue à M. Pozzo di
Borgo, ministre plénipotentiare, lequel serait censé
l'adresser à l'Empereur de Russie ?

R. Le Gouvernement français m'a calomnié, on a permis que je fusse calomnié, dans les journaux imprimés
sous sa direction, en disant qu'on avait trouvé le brouil-
lon original de ce rapport dans mes papiers, écrit de ma
main, et que j'en étais l'auteur. Je vous représente et
je dépose, pour être joint au présent interrogatoire, la
lettre que j'ai adressée à ce sujet à M. Pozzo di Borgo, le

vingt-trois janvier dernier, et que j'ai fait imprimer dans les journaux anglais.

D. N'avez-vous pas du moins coopéré à la publicité de la circulation de cette pièce, qui pouvait produire un résultat si fâcheux pour l'Europe en général et la France en particulier ?

R. Non. On m'a prêté seulement une copie, dont je devais faire tirer une autre copie pour le Gouvernement anglais; la copie qui m'est représentée avait été empruntée par moi pour la communiquer à un sujet de l'Empereur de Russie, afin d'avoir son avis sur l'authenticité de cette pièce, que je croyais moi-même être un document officiel, d'après la citation qui s'y trouve d'une lettre de lord Castlereargh; lettre qui n'a pu être connue que de quelqu'un qui avait l'accès au porte feuille de l'Empereur. Comme document historique d'état, j'avais le droit de le posséder, mais je ne l'ai jamais prêté à aucun Français.

D. N'avez-vous pas cherché du moins à en accréditer le contenu en vous expliquant hautement sur les principes qui y sont développés, et dont les conséquences, s'ils avaient été suivis, pouvaient opérer le renversement du système adopté par toutes les puissances de l'Europe, en portant l'agitation et le désordre au sein de la France, dont le souverain légitime venait d'être rétabli par toutes les armées alliées ?

R. Il paraît qu'on oublie que je suis Anglais, ou qu'on ne connaît pas le droit d'un Anglais. Ma réponse précédente est définitive; je ne veux plus être entraîné dans cette discution métaphysique de la politique. Qu'on m'accuse, qu'on me juge, et quand je serai devant les tribunaux, je saurai comment je dois me défendre moi-même et soutenir mes droits.

D. Reconnaissez-vous pour être de votre écriture la lettre que je vous représente, et qui a été trouvée dans les papiers de Lavallette ?

R. Non, Monsieur, elle n'est pas de ma main.

Et attendu la réponse du prévenu, nous avons clos le présent procès-verbal d'interrogatoire, qu'il a signé, après lecture, avec nous, et le greffier, et a signé et paraphé *ne varietur* les lettres que nous lui avons représentées, le rapport attribué à Pozzo dit Borgo, et la lettre qu'il a déposée en nos mains.

Ainsi signé à la minute :

ROBERT WILSON, DUPUY et DEROSTE.

INTERROGATOIRES DE MICHEL BRUCE.

Premier interrogatoire — 13 janv. 1816.

CE JOURD'HUI, treize janvier mil huit cent seize, trois heures après midi.

Nous, soussignés, Pierre-Georges-François Monnier et Pierre Maleval, commissaires de Police de la ville de Paris, en exécution des ordres de Son Excellence le Sécrétaire d'État Ministre de la Police générale, nous sommes transportés à l'hôtel de la préfecture de Police, où étant dans le cabinet de Monsieur l'inspecteur-général Faudras, nous avons transmis l'ordre verbal au concierge du dépôt établi dans ledit hôtel, d'en extraire et de conduire devant nous le sieur *Bruce*, Anglais, arrêté ce matin, comme il conste du procès-verbal de notre collègue Beffara, en date de ce jour, pour qu'il soit procédé à son interrogatoire.

Interrogé sur ses noms, prénoms, etc.

Répond. Je me nomme Michel Bruce, natif de Londres, âgé de vingt-six ans, gentilhomme anglais, demeurant à Londres.

Int. Depuis quelle époque êtes-vous à Paris ? Pour quel objet ? Où est votre demeure ?

Rép. Je suis à Paris depuis un an environ ; quelques jours après le départ de Buonaparte pour l'armée, en juin dernier, je quittai Paris et me dirigeai vers la Suisse ; mais à la frontière on ne me permit pas de passer, et je fus ainsi forcé de revenir à Paris : je fis ainsi une absence d'environ trois semaines. Je suis à Paris pour mon agrément : ma demeure est rue Saint-Georges, numéro vingt-quatre.

Int. Quelles sont les personnes que vous fréquentez le plus à Paris ?

Rép. Je suis répandu dans beaucoup de sociétés : je fréquente un très-grand nombre de personnes ; mais depuis trois ou quatre mois, je mène une vie assez retirée.

Lui ayant présenté une petite caisse dans laquelle les papiers qui lui ont été saisis ce matin se trouvent renfermés, il y a reconnu que ses cachets étaient intacts. Nous avons procédé en sa présence à l'ouverture de la caisse et au dépouillement des papiers. Nous avons formé deux paquets, l'un des papiers anglais d'une date postérieure à mil huit cent quatorze, et l'autre des papiers français de même date, et nous avons remis tous les autres papiers, ainsi que les brochures, et les imprimés dans la caisse.

Et plus outre n'avons procédé. Lecture du présent ayant été donnée à M. Bruce, il a dit qu'il contient la vérité et a signé avec nous.

Clos les susdits jour, mois et an, à 5 heures de relevée.

Signé à la minute :

MICHEL BRUCE, MONNIER et MALLEVAL.

Deuxième interrogatoire. — 14 janvier.

Int. N'avez-vous pas formé le projet de procurer l'évasion du maréchal Ney ?

Rép. Non.

Int. N'avez-vous pas fait des démarches très-actives en sa faveur ?

Rép. Non : seulement mon opinion personnelle a toujours été que l'on ne pouvait le mettre en jugement sans violer la capitulation de Paris.

Int. N'étiez-vous pas en correspondance avec le maréchal Ney ?

Rép. Je le voyais presque tous les jours. Je le connais depuis long-temps, c'est-à-dire, depuis que je suis à Paris.

Int. N'êtes-vous pas lié avec le général Wilson et avec le capitaine Hutchinson ?

Rép. Je suis lié avec l'un et l'autre.

Int. Dimanche dernier, à environ huit heures du soir, ne passâtes-vous pas une partie de la soirée chez M. Hutchinson, rue du Helder, numéro trois ?

Rép. J'y fus effectivement ; mais avant de passer outre, je vous prie de me faire connaître positivement les motifs pour lesquels je me trouve détenu. Nous ne sommes pas accoutumés en Angleterre à fournir des réponses avant de savoir ce que l'on nous impute.

Int. Vous êtes accusé d'avoir favorisé l'évasion du condamné Lavallette, et d'avoir prêté votre cabriolet pour le conduire hors de Paris : qu'avez-vous à répondre?

Rép. Quand je serai mis en jugement, je fournirai les explications nécessaires.

Int. N'êtes-vous pas lié avec M. Ellister, du cinquième régiment ?

Rép. Je ne le connais pas.

Int. Où aviez-vous envoyé votre cabriolet lundi dernier, demi-heure avant le jour ?

Rép. Je répondrai lorsque je serai mis en jugement.

Int. N'avez-vous pas un cousin qui est général, et qui commande une brigade anglaise en France ?

Rép. J'ai effectivement un cousin qui est général, et qui a commandé une brigade anglaise en France : il n'y est plus depuis environ deux semaines.

Int. Le samedi six du courant, l'aide-de-camp de ce général n'était-il pas chez vous ? N'y eut-il pas chez vous une conférence entre le général Wilson, l'aide-de-camp et vous ? Quel en était l'objet ?

Rép. Je ne sais rien de cela, cette réunion n'ayant pas eu lieu chez moi.

Int. Vous n'avez pas eu votre cabriolet le lundi huit de ce mois : quand vous a-t-il été rendu ?

Rép. Je crois qu'il ne m'a pas encore été rendu. Je n'en suis pas certain, parce qu'il y a plusieurs jours que je n'ai été dans mon écurie.

Int. A qui l'aviez-vous prêté ?

Rép. Je le dirai au tribunal.

Int. Le cinq ou le six du courant, ne remîtes-vous pas au capitaine Hutchinson une mesure d'après laquelle cet officier fit faire une redingotte, un gilet et un pantalon militaires ?

Rép. Je m'expliquerai à ce sujet devant le tribunal.

Int. Dimanche dernier au soir, ne vîtes-vous pas le condamné Lavallette, travesti en officier anglais, chez monsieur Hutchinson ?

Rép. Je répondrai à cela devant un tribunal.

Int. Savez-vous si le condamné Lavallette est parti de Paris, ou ne le savez-vous pas ?

Rép. Je sais qu'il est parti de Paris.

Int. Quel jour ? à quelle heure ? avec qui et comment ?

Rép. Je ne saurais répondre à cette question ; mais je n'ai pas difficulté à dire que j'ai coopéré à la fuite de Lavallette par sentiment d'humanité.

Int. Comment avez-vous coopéré à sa fuite ?

Rép. J'ai prêté mon cabriolet pour cela.

Int. A qui avez-vous remis votre cabriolet ?

Rép. A la personne qui a accompagné Lavallette dans sa fuite.

Int. Qu'elle est cette personne ?

Rép. Je ne veux la désigner.

Int. En quel lieu aviez-vous mis la mesure de Lavallette pour qu'on lui fît des habillemens anglais ?

Rép. Je n'ai point pris cette mesure.

Int. Où et par qui vous avait-elle été remise ?

Rép. Je ne veux pas répondre à cette question.

Int. Avant que Lavallette sortît de Paris, ne saviez-vous pas depuis plusieurs jours où il se tenait caché ?

Rép. Non : je ne l'avais point vu depuis son arrestation, lorsque je le vis chez M. Hutchinson dimanche dernier au soir.

Int. N'était-il pas habillé en officier anglais ?

Rép. Je crois qu'oui.

Int. Vint-il seul chez M. Hutchinson, ou accompagné, et par qui ?

Rép. Je l'ignore.

Int. Quelles étaient les personnes présentes chez M. Hutchinson lorsque M. Lavallette s'y trouvait ?

Rép. Je ne répondrai pas à cette question.

Int. N'est-ce pas alors que vous promîtes de prêter votre cabriolet pour que M. Lavallette pût partir le lendemain matin de bonne heure, et ne concertâtes-vous pas toutes les mesures propres à favoriser sa fuite ?

Rép. Avant cette réunion chez M. Hutchinson, j'avais déjà promis de prêter mon cabriolet pour M. Lavallette.

Et plus n'a été interrogé.

Lecture à lui faite du présent interro-gatoire, il dit qu'il contient la vérité, et a signé avec nous.

Ainsi signé à la minute :

M. Bruce, Monnier et Malleval.

Troisième interrogatoire. — 15 janvier.

Enquis de ses nom, prénoms, âge, profession, lieu de naissance et demeure,

A répondu : Je m'apelle Michel Bruce, etc.

Demande. Lors des premiers interrogatoires que vous avez subis, vos réponses se sont fait distinguer par un caractère particulier de franchise et de loyauté : vous avez dit qu'indépendamment de quelques révélations que vous aviez faites, vous feriez connaître la vérité toute entière lorsque vous seriez en présence de la justice; vous comparaissez aujourd'hui devant un membre du tribunal : êtes-vous prêt à tenir votre promesse?

Répond. Je suis prêt à dire la vérité; j'ai témoigné le désir de voir M. de Cazes, ministre de la Police; et s'il peut m'entendre, je m'expliquerai avec toute la franchise que l'on a droit d'attendre de moi.

D. Les formes de la justice s'opposent à ce que vous demandez. M. de Cazes, comme chef de la police administrative, est chargé spécialement de prévenir les délits; mais une fois commis, la connaissance en est attribuée à la police judiciaire, et M. de Cazes se récuserait lui-même s'il avait connaissance du désir que vous témoignez. Ce que vous regardez comme une grâce serait une chose illégale, dont vous auriez vous-même le droit de vous plaindre. Je recevrai comme lui les renseignemens que vous croirez pouvoir donner pour éclairer la justice; c'est dans l'intérêt de la vérité que je vous les demande, et non pour les faire tourner contre vous.

R. Je demande, pour conserver plus de liberté dans ma déclaration, que les personnes ici présentes se retirent, et je ne déguiserai rien.

Et à l'instant nous avons enjoint aux deux gendarmes et aux différentes personnes qui avaient accompagné ledit sieur Bruce, de passer dans la pièce voisine. Le sieur Bruce alors a continué en ces termes :

Je n'ai jamais été lié d'amitié avec M. Lavalette, je n'ai jamais été chez lui, il n'est jamais venu chez moi : cependant je le connaissais un peu avant son arrestation; ses qualités personnelles, sa douceur dans la société, son amabilité m'avaient inspiré pour lui plus d'intérêt qu'on n'en porte aux personnes que l'on ne voit pas d'habitude. Son procès, sa détention et la condamnation prononcée contre lui ajoutèrent aux sentimens que je me sentais disposé à lui prouver ; mais depuis son arrestation, je n'avais eu avec lui aucune relation directe ni indirecte ; j'ignorais entièrement le lieu de sa retraite depuis son évasion ; je croyais même que depuis long-temps il était sorti de France. Je ne connaissais point sa femme, je ne l'ai vue de ma vie.

Le deux ou le trois de ce mois, un inconnu m'apporta une lettre anonyme, dans laquelle on exaltait la bonté de mon caractère, en ajoutant que la confiance qu'il inspirait déterminerait à me révéler un grand secret, et ce secret, ajoutait-on, c'est que M. Lavallette était encore à Paris : moi seul, disait-on, était capable de le sauver, et l'on désirait que j'expliquasse mes intentions à cet égard. Je ne le fis pas sur-le-champ, mais je promis une réponse dans un endroit que je désignai, et que je me crois engagé par l'honneur à ne pas faire connaître. J'ajoute que ma prudence m'empêcha de faire aucunes questions et sur le nom de la personne qui m'adressait la lettre, et sur le lieu de la retraite de M. de Lavallette. Je pensai que dans une affaire de cette nature on ne pouvait trop éviter les indiscrétions.

Le général Wilson ignorait tous ces détails. Ce fut moi qui les lui appris : ce fut moi qui l'engageai à réunir ses efforts aux miens en faveur de M. de Lavallette, et s'il y a un coupable dans cette circonstance, je déclare que c'est moi seul, puisque ce sont mes instances qui ont déterminé celui que l'on regarde à tort comme l'auteur de ce projet.

Dem. Des opinions politiques plutôt que des affections personnelles ne vous auraient-elles pas engagé à servir Lavalette ? et ne l'avez-vous pas fait par suite des mêmes sentimens que vous aviez manifestés lors de l'affaire du maréchal Ney ?

Rép. Je conviens que mes opinions politiques ont influé avec l'humanité sur la conduite que j'ai tenue lors de l'affaire du maréchal Ney. Je pensais fermement que la capitulation de Paris s'opposait à ce qu'il fût mis en jugement. Quant à M. Lavalette, je déclare sur mon honneur que je n'ai été mû que par la commisération qu'il m'a inspirée ; l'aventure de son évasion m'a paru avoir quelque chose de romanesque, et pour ainsi dire de miraculeux, qui avait frappé vivement mon imagination et avait excité en moi une sorte d'intérêt vif pour lui.

Dem. N'est-ce pas vous qui avez procuré la mesure de Lavallette à sir Hutchinson pour qu'il la remît à un tailleur?

Rép. Je ne sais à qui je l'ai donnée. Cette circonstance, qui me parut indifférente, est sortie de ma mémoire ; mais il est vrai que je l'ai procurée.

Dem. Connaissez-vous le tailleur qui fut chargé de la confection des habits?

Rép. Je ne le connais pas, je ne l'ai jamais vu.

Dem. Le sept janvier courant, au soir, lorsque vous vîtes Lavalette chez sir Hutchinson, apprîtes-vous comment Lavallette s'était rendu chez lui et le lieu d'où il venait?

Rép. Je ne lui ai pas demandé, et je déclare que je n'ai même pas voulu le savoir.

Dem. Savez-vous au moins s'il est venu à pied ou en voiture?

Rép. Je crois qu'il est venu en cabriolet ; cependant je ne l'affirme pas : lorsque je le rencontrai à la porte, il était à pied.

Dem. N'avez-vous pas su qu'un moment après qu'il eût été introduit dans l'appartement du capitaine Hutchinson, un de ses amis se présenta à la porte pour lui apporter une paire de pistolets ?

Rép. Je l'ai entendu dire, mais je n'ai pas vu la personne ; elle n'est pas entrée dans l'appartement.

Dem. A quelle heure avez-vous quitté l'appartement du capitaine Hutchinson ?

Rép. Vers minuit.

Dem. Pour y arriver, n'est-il pas nécessaire de traverser l'appartement du sieur Sauvage, chez lequel le capitaine était logé ?

Rép. Je n'ai jamais entendu nommer le sieur Sauvage ; je n'ai aperçu ni lui ni personne de sa maison, du moins à ce que je crois ; et je n'ai remarqué aucune communication de l'appartement du capitaine Hutchinson avec celui d'un autre locataire.

Dem. N'est-ce pas dans votre cabriolet que Lavallette est parti? Ce cabriolet vous a-t-il été renvoyé?

Rép. Je n'ai pas vérifié si le cabriolet m'avait été renvoyé, je ne puis rien dire de positif à cet égard : je ne nie pas l'avoir prêté ; les pièces qui sont entre vos mains ne vous laissent peut-être aucun doute sur le nom de la personne à qui je l'ai prêté ; mais il ne m'appartient pas de la faire connaître. Je dis la vérité sur tout ce qui m'est personnel ; je ne crois pas la devoir lorsqu'elle peut compromettre les autres.

Dem. N'est-ce pas vous qui avez envoyé à un perruquier un échantillon de cheveux et trois mesures pour faire la perruque de Lavallette ?

Rép. Non , Monsieur.

Dem. Cependant le contraire paraîtrait résulter de la note que je vous représente , ainsi que l'échantillon , et qui ont été trouvés dans votre porte-feuille.

Rép. Je reconnais effectivement cet échantillon et la note ; mais je déclare que ni l'un ni l'autre n'ont rapport à M. Lavallette ; j'affirme que c'est une commission que j'ai reçue il y a près d'un an d'un nommé Berthold , qui était alors à Constantinople , et , je crois , attaché à l'ambassade anglaise. On doit, je crois , trouver dans mon portefeuille la lettre qui justifiera de cette déclaration.

Lecture faite , le prévenu a dit ses réponses contenir vérité, y persister, n'avoir rien à y changer ni ajouter, et a signé avec nous et le greffier, tant le présent que la note y énoncée.

Lecture faite , etc.

Ainsi signé à la minute ;

Bruce, Dupuy et Deroste.

Quatrième interrogatoire. — 11 février.

D. Reconnaissez-vous la caisse que je vous représente, scellée du sceau de la préfecture de police, pour vous appartenir ?

R. Non, Monsieur.

Et à l'instant nous avons rompu la bande de papier cachetée par ses deux extrémités, dont l'une par-dessus la caisse, et l'autre sur son couvercle ; et après avoir fait l'ouverture de la caisse, nous avons posé la question suivante :

D. Reconnaissez-vous le portefeuille et les divers papiers contenus dans cette caisse ?

R. Je reconnais ce portefeuille : à l'égard des papiers , leur examen seul m'apprendra si tous m'appartiennent, et s'il n'y en a pas qui me soient étrangers.

De suite procédant à l'examen desdits papiers , et nous étant convaincus par la nature de la plupart d'entre eux et

Inter.   3

leurs dates, qu'ils ne pouvaient avoir aucun rapport ni direct ni indirect avec l'affaire sur laquelle nous cherchons des renseignemens, nous nous sommes occupés de faire un triage de tous ceux que nous avons reconnus étrangers aux recherches qui nous ont amenés, et nous avons remis tous ces papiers dans ladite cassette pour y être renfermés de nouveau, apposition préalablement faite de notre sceau, et après en avoir fait une description sommaire et suffisante pour indiquer leur contenu, dans le cas où l'on jugerait à propos de les examiner par suite.

Lesdits papiers consistent,

1°. En une liasse composée de divers exemplaires imprimés et en feuilles, relatifs à l'affaire du maréchal Ney, et de diverses autres brochures politiques;

2o. En une liasse composée de lettres de famille, observations recueillies dans des voyages, et adressées au sieur Bruce, de Constantinople, Alepp, Londres, Genève, etc., toutes datées de mil huit cent treize, mil huit cent quatorze et mil huit cent quinze : ces dernières antérieures au mois de juillet;

3°. En un rouleau de papiers inutiles et enveloppes de lettres.

Nous avons également remis dans ladite cassette un petit agenda en maroquin rouge, et le portefeuille qui contenait une partie des papiers, sur la serrure duquel est écrit le nom du sieur Bruce.

Nous avons ensuite procédé à la séparation des autres papiers, et nous en avons formé deux liasses..

La première est composée de neuf lettres ou billets écrits en anglais, que nous avons cotés et paraphés avec le sieur Bruce.

La deuxième liasse, composée de cinquante-quatre pièces écrites en français, également cotées et paraphées par nous et le sieur Bruce.

Enfin, nous avons remis sous une même enveloppe quatre lettres cachetées, adressées à monsieur le duc de Galle, à madame Richt, à Constantinople, au sieur Clandiers James Richt, et à madame la comtesse Aldborough, à Bruxelles. Le sieur Bruce déclare avoir été chargé de faire parvenir trois de ces lettres, mais ne pas savoir comment celle adressée au duc de Galle s'est trouvée parmi ses papiers. Nous avons aussi mis sous la même enveloppe une autre lettre décachetée, en date du dix octobre mil huit cent quatorze, écrite en français, et non signée.

Le sieur Bruce déclare qu'il croit se rappeler que cette lettre, adressée à la princesse Staremberg, lui avait été remise pour la porter à cette princesse, dans un voyage qu'il se proposait de faire à Vienne.

Enfin, la dernière pièce par nous mise sous ladite enveloppe est un mémoire du général Lamarque au Roi, en date du trois août mil huit cent quinze. A l'égard de cette dernière pièce, le sieur Bruce déclare ne l'avoir jamais vue, et qu'elle ne peut se trouver parmi ses papiers que par une méprise.

Ce fait, nous avons apposé notre cachet et celui du sieur Bruce sur chacun des bouts de la ficelle servant à attacher chaque liasse sur l'enveloppe dont il vient d'être parlé, puis nous avons refermé à clef la cassette, et avons mis sur icelle le scellé au moyen d'une bande de papier, sur les bouts de laquelle nous avons également mis notre cachet et celui du sieur Bruce.

Lecture faite, etc.

Ainsi signé à la minute ;

Bruce, Dupuy et Denoste.

Cinquième interrogatoire. — 14 février.

Dem. Vos noms, prénoms, âge, profession, lieu de naissance et demeure ?

Rép. Je m'appelle Michel Bruce.

Dem. Des opinions politiques, et une opposition prononcée contre le gouvernement ne vous ont-elles pas déterminé à coopérer à l'évasion de Lavallette, plutôt qu'un sentiment d'affection pour lui ?

Rép. Je répète aujourd'hui ce que j'ai déjà dit dans mon premier interrogatoire, qu'un sentiment d'humanité a réglé ma conduite dans cette affaire.

Dem. N'avez-vous pas précédemment manifesté votre opposition au gouvernement, à l'occasion du procès du maréchal Ney ?

Rép. A l'égard du maréchal Ney, j'ai été mu par un sentiment public et politique. J'ai envisagé sa cause comme dépendante de la convention de Paris ; j'avais pensé et je pense encore que l'honneur de mon pays pouvait être entaché par la violation de cette convention : c'est sous ce rapport seulement, et non pas par opposition avec le gouvernement français, que j'ai manifesté mon opinion dans cette circonstance.

D. N'avez-vous eu jamais connaissance d'un complot arrêté par quelques-uns de vos complices, et qui aurait eu pour but de détruire ou changer le gouvernement français?

R. Une pareille question ne pourrait qu'exciter mon indignation : tous ceux qui me connaissent savent combien je suis incapable de jouer le rôle d'un conspirateur. J'éprouve un autre sentiment d'indignation à la seule idée que l'on ait eu de moi l'opinion que je pourrais trahir l'amitié si elle avait été assez confiante pour me faire part d'un complot, même que je n'aurais pas approuvé.

Lecture faite, le prévenu a dit ses réponses contenir vérité et y persister.

Et à l'instant lui ayant représenté une lettre signée de lui, sans date et sans adresse, laquelle a été trouvée dans les papiers saisis chez le général Wilson, nous lui avons fait la question suivante :

D. Reconnaissez-vous la lettre que je vous représente, et à quelle époque l'avez-vous écrite?

R. Je la reconnais pour être de mon écriture. Je ne me rappelle pas à quelle époque elle a été écrite, ni à qui elle était adressée : au surplus je n'ai aucun intérêt à déguiser la vérité à cet égard, dans la supposition où elle aurait quelque rapport à l'évasion de Monsieur Lavallette, puisque je suis convenu de la part que j'y avais prise.

D. Voulez-vous signer et parapher *ne varietur* cette lettre qui vous est représentée?

R. Oui, Monsieur.

Lecture faite, etc.

Sixième interrogatoire. — 23 février.

D. Vos noms, prénoms, âge, profession, lieu de naissance et demeure ?

R. Je m'appelle Michel Bruce, etc.

D. Reconnaissez-vous pour être écrite de votre main ou dictée par vous, la lettre que je vous représente, et qui a été trouvée parmi les papiers de Lavallette?

R. Je déclare que cette lettre n'est pas de moi, et que je n'en connais pas l'auteur.

Lecture faite, le prévenu a dit persister, et a signé avec nous et le greffier, tant le présent que la lettre y énoncée.

Signé à la minute, M. BRUCE, DUPUY et DEROSTE.

INTERROGATOIRES DE JOHN-ELY HUTCHINSON.

Premier interrogatoire. — 13 janvier 1816.

Ce jour d'hui, treize janvier mil huit cent seize, à huit heures du soir, en exécution des ordres de son excellence le sécrétaire d'état Ministre de la police générale.

Nous soussignés, Monnier et Malleval, commissaires de police de la ville de Paris, nous sommes transportés à l'hôtel de la préfecture de police, où étant dans le cabinet de Monsieur l'inspecteur-général, nous avons transmis au concierge du dépôt établi dans ledit hôtel l'ordre d'en extraire et d'amener devant nous le sieur John Hutchinson, officier anglais, arrêté ce matin, ainsi qu'il conste du procès-verbal de notre collègue Alletz, lequel officier anglais ayant été amené devant nous, nous l'avons interrogé comme il suit :

Interpellé sur ses noms, prénoms, etc.

Rép. Je me nomme John Hutchinson, natif de Wixford en Irlande, âgé d'environ vingt-six ans, capitaine au premier régiment des grenadiers de la garde, troisième bataillon, demeurant à Paris, rue du Helder, numéro trois. Je suis en activité de service, mon bataillon étant caserné rue Pépinière.

Int. Reconnaissez-vous pour vous appartenir le portefeuille fermé, dont vous devez avoir la clef, ainsi que l'enveloppe en cuir de ce même portefeuille que je vous présente ; lesquels deux objets contiennent les papiers saisis chez vous ce matin ?

Rép. Ces deux objets m'appartiennent.

Int. Pourquoi n'avez-vous pas voulu ce matin apposer votre cachet sur les bandes qui scellent ce portefeuille et l'enveloppe, et vous êtes-vous contenté de prendre la clef du portefeuille ?

Rép. Je n'avais pas de cachet propre à cet usage.

Int. Voulez-vous me remettre la clef du portefeuille pour que nous procédions en votre présence à l'ouverture et au dépouillement de vos papiers ?

Rép. Voici la clef.

Ayant ouvert le portefeuille et l'enveloppe du portefeuille, le sieur Hutchinson a reconnu pour lui appartenir les papiers que nous en avons extraits et que nous y avons remis, pour qu'ils soient examinés avec soin.

Int. Quelles sont les personnes que vous fréquentez le plus souvent à Paris?

Rép. Je suis particulièrement lié avec le lieutenant Bruce, de mon régiment ; le major Ellisson et le colonel Reeve.

Int. Depuis quinze jours, votre service vous a-t-il éloigné de Paris?

Rép. Mon service n'a point exigé que je m'éloignasse de Paris depuis quinze jours et plus.

Int. Vous êtes-vous éloigné de Paris il y a moins de quinze jours? Pour quel motif? Combien de jours avez-vous été absent?

Rép. Je me rendis mardi dernier à cheval à Gonesse, où plusieurs officiers anglais étaient convenus de se trouver à une partie de chasse. Je n'y trouvai personne, le temps n'étant pas favorable, et je revins de suite à Paris.

Int. Désignez-moi quelques-uns des officiers qui avaient formé le projet de cette chasse, et qui devaient s'y rendre?

Rép. Le colonel Smith, du quatre-vingt-quinzième régiment ; le fils du duc de Richmond.

Int. Avez-vous couché constamment à Paris depuis huit jours ?

Rép. Oui.

Int. Toutes les nuits ?

Rép. Avant de continuer mes réponses, je désire savoir si je parle à Monsieur Decazes, ministre de la police générale.

Ce à quoi ayant répondu que non, le sieur Hutchinson nous a déclaré qu'il ne voulait répondre à aucune des questions que nous pourrions dorénavant lui faire, se plaignant de se trouver privé de sa liberté sans qu'on lui ait fait connaître l'imputation ou les griefs qui ont fait prendre cette mesure de rigueur.

Et toutes nos observations pour l'engager à répondre à nos questions ayant été inutiles, et cet officier s'obstinant à dire que si l'on a des preuves de délit à sa charge, on doit le mettre en jugement pour qu'il soit puni, mais qu'il ne veut répondre à aucun interrogatoire préliminaire.

Signé à la minute ;

J. H. HUTCHINSON, MALLEVAL et MONNIER.

Deuxième interrogatoire. — 14 janvier.

Int. N'avez-vous pas pris un très-grand intérêt au sort du maréchal Ney? N'avez-vous pas cherché à le soustraire à l'exécution de son jugement? N'avez-vous pas connaissance de projets tendans à ce but?

R. Je n'ai jamais connu le maréchal Ney ni son épouse. Je m'intéressais à lui comme beaucoup d'autres personnes qui pensaient, ainsi que moi, qu'il ne pouvait pas être jugé ni condamné, à cause de la capitulation de Paris.

Int. Le général Wilson ne vous avait-il communiqué aucun projet tendant à faire évader le maréchal Ney?

R. Jamais.

Int. Que signifie le billet que je vous présente, à vous adressé par le général Wilson, sous la date du treize décembre, commançant par ces mots : When these expt. are allempted, *succeas must be insured*, et où il est question de démarches faites auprès de l'ambassadeur Stuart pour sauver Linois et autres.

R. Je ne me crois pas obligé de vous fournir l'explication que vous me demandez : adressez-vous à la personne qui a écrit ce billet.

Int. Vous êtes parti de Paris le lundi huit de ce mois avant le jour : vous n'étiez pas seul? Quel était le but de votre voyage? Où êtes-vous allé? Quelles étaient les personnes qui étaient avec vous?

R. Je vous dis hier que, mardi dernier, je sortis de Paris à cheval pour aller à Gonesse, pour une partie de chasse : il est possible que je me sois trompé de jour, et que c'était lundi.

Int. Mais vous me dites hier que vous étiez sorti de Paris pour aller à Gonesse seul, tandis qu'il est certain que lundi dernier, avant le jour ou au point du jour, vous sortîtes de Paris à cheval en compagnie d'autres personnes.

R. Je ne veux pas m'expliquer là-dessus.

Int. Connaissez-vous beaucoup M. *Bruce* Michel et le général Wilson?

R. Je connais M. Bruce et sa famille depuis sept à huit ans. Le général Wilson a été aide-de-camp de mon oncle ; je le connais depuis le même espace de temps.

Int. Quel était le but de la réunion qui eut lieu chez vous dimanche dernier, à environ huit heures du soir, et où ces messieurs se trouvaient.

R. Nous bûmes chez moi un bowol de punch.

Int. Aucun autre individu ne se trouvait-il pas à cette réunion ?

R. Non.

Int. N'amena-t-on pas chez vous, ce soir-là, un individu portant l'uniforme d'officier anglais ?

R. Non.

Int. Cet individu portant l'uniforme anglais, ne resta-t-il pas chez vous et n'y passa-t-il pas la nuit ?

R. Non.

Int. Par quelle barrière sortîtes-vous de Paris pour aller à la prétendue partie de chasse de Gonesse ?

R. Par la barrière de Clichy.

Int. Ne passâtes-vous pas à la Chapelle-en-Cervale, au lieu d'aller à Gonesse ?

R. Je ne veux pas dire où j'ai été.

Int. Une des personnes que vous accompagniez n'était-elle pas en uniforme d'officier général anglais ? Ne rencontrâtes-vous pas, en sortant de la barrière Clichy, plusieurs officiers anglais qui parurent surpris de voir un officier général de leur nation qui leur était inconnu ?

R. Je ne me souviens de rien de semblable.

Int. N'allâtes-vous pas jusqu'à Compiègne ?

R. Je ne veux pas répondre à cette question.

Int. Combien de temps fûtes-vous absent de Paris ?

R. Je ne me crois pas obligé de vous le dire. S'il existe des charges contre moi, qu'on produise les preuves devant un tribunal, et je me défenderai.

Int. Les charges qui existent contre vous sont que, le sept du courant, à huit heures du soir environ, le condamné Lavallette, habillé en officier anglais, fut amené chez vous ; que le lendemain matin il partit de chez vous au point du jour dans un cabriolet découvert, où était à côté de lui le général Wilson ; que vous étiez à cheval à côté de la voiture ; que vous sortîtes tous par la barrière de Clichy ; que vous passâtes à la Chapelle-en-Cervale, et allâtes à Compiègne, où le général Wilson et le condamné Lavallette prirent une autre voiture ; vous êtes en conséquence accusé d'avoir favorisé l'évasion du condamné à mort. Qu'avez-vous à dire pour votre justification ?

R. Quand je serai mis en jugement, je produirai mes moyens de défense.

Et plus n'a été interrogé.

Lecture faite , etc.

Troisième interrogatoire. 15 Janvier.

Enquis de ses nom , prénoms , âge , profession , lieu de naissance et demeure ,

A répondu : Je m'appelle John-Hely Hutchinson ; je suis âgé de vingt-six ans environ , capitaine des grenadiers de la garde royale d'Angleterre , né à Wixford en Irlande ; logé à Paris , rue du Helder , numéro trois.

D. Quand et par qui avez-vous reçu la première proposition de prendre part aux mesures concertées pour opérer la sortie de France de Lavallette ?

R. Je n'ai rien à répondre à cet égard ; je n'ajouterai aucune réponse à celles que j'ai faites lors de mes interrogatoires à la préfecture de police.

D. Convenez-vous du moins que le sept de ce mois Lavallette s'est rendu chez vous vers huit heures du soir , et qu'il y a passé la nuit entière ?

R. Je n'ai rien à dire.

D. Je vous fais observer que ce système de dénégation est plutôt propre à vous accuser qu'à vous justifier , puisqu'il est déjà constant , d'après la déclaration de sir Bruce lui-même , que Lavallette s'est présenté chez vous , que vous l'y attendiez , et que , le lendemain matin , vous l'avez accompagné lorsqu'il partit , et monta dans un cabriolet avec le général Wilson ?

R. Je veux bien avouer que je me fais tort par le refus de m'expliquer ; mais je n'en persiste pas moins à garder le silence.

D. Pourriez-vous donner l'explication d'une note envoyée par vous au général Wilson , en date du onze de ce mois , et qui contient divers articles par vous payés , tant pour des chevaux que pour une voiture de poste et les fournitures faites par un tailleur ? Je vous représente cette note , la reconnaissez-vous ?

R. Je la reconnais , c'est de mon écriture ; mais je ne veux point faire connaître les raisons des dépenses qui s'y trouvent énoncées.

D. Quelles sont les personnes qui, le sept de ce mois, sont restées dans votre appartement , et ont bu du punch avec vous jusqu'à minuit?

R. Que toutes questions deviennent inutiles. Je suis déterminé à ne pas revenir sur les déclarations que j'ai faites précédemment.

D. Mais l'on ne vous avait pas demandé, et peut-être êtes-vous en état de donner des renseignemens à cet égard, si vous aviez connaissance du lieu où s'était réfugié Lavalette avant de se rendre chez vous ?

R. Je n'en avais pas la moindre idée.

D. Connaissez-vous la personne qui l'a amené à votre porte, et savez-vous s'il est venu à pied ou en voiture ?

R. Je répondrai d'un seul mot à ces deux questions : à l'exception d'un maître de langue française, de MM. Livry-Martel, marchand de vin, et Sauvage, chez lequel je logeais, je ne connais personne à Paris.

D. N'est-ce pas vous qui avez porté à un tailleur la mesure qui vous avait été remise par le sieur Bruce, et qui a servi à faire les habits d'uniforme anglais dont Lavalette était vêtu lorsqu'il sortit de Paris ?

R. M. Bruce ne m'a jamais donné de mesure.

D. Quel est le nom du tailleur qui travaille pour vous à Paris ?

R. Je ne le dirai pas.

D'après les dénégations dans lesquelles le prévenu persiste à se renfermer, nous avons jugé inutile de pousser plus loin cet interrogatoire, et nous nous sommes bornés à lui demander s'il voulait signer avec nous le présent interrogatoire et la note y énoncée.

Le prévenu a répondu qu'il consentait à signer l'un et l'autre, et de suite les a effectivement signés avec nous, etc.

Quatrième interrogatoire. — 19 janvier.

Enquis de ses noms, prénoms, âge, profession, lieu de naissance et demeure,

A répondu : Je m'appelle John-Hely Hutchinson, etc.

D. Êtes-vous dans l'intention de répondre aux diverses questions qu'il est de mon devoir de vous faire sur les circonstances qui ont préparé et fait réussir la sortie de Lavallette hors du royaume, et auxquelles vous êtes prévenu d'avoir pris part ?

R. Oui, monsieur ; je dirai tout ce que je sais.

D. Depuis combien de temps étiez-vous instruit que Lavalette se tenait caché dans Paris ?

R. Je ne l'ai pas su avant le trois ou quatre de ce mois.

D. Le connaissez-vous avant son arrestation et son procès?

R. Non, Monsieur; je ne connaissais ni lui ni personne de sa famille.

D. Par quel sentiment alors, ou par les suggestions de qui avez-vous été déterminé à prendre part aux mesures concertées pour le soustraire à la justice?

R. Par un sentiment d'humanité et de générosité.

D. Est-ce un Anglais ou un Français qui a le premier sondé vos dispositions à cet égard?

R. C'était un Anglais.

D. Quel est son nom?

R. Je ne puis répondre à cette question. Je dirai vérité dans tout ce qui me concerne; mais l'honneur me défend de compromettre les autres.

D. Le dimanche sept de ce mois, dans la journée, n'avez-vous pas donné des ordres à vos gens pour partir en avant et vous attendre avec vos chevaux en relais sur l'un des points de la route de Paris à Compiègne?

R. Oui, Monsieur.

D. Vos domestiques n'ont-il pas exécuté vos ordres?

R. Mes ordres ont été exécutés, non pas par mes domestiques, mais par les deux que j'ai envoyés; un d'entre eux seulement était à mon service; c'est le nommé Thomas Hooges.

D. Combien y avait-il de jours que vous étiez convenu de disposer ainsi le départ de Lavallette, et de le recevoir chez vous lorsqu'il s'y est présenté?

R. Du jour même où j'avais fait connaître mon consentement, c'est-à-dire depuis le trois ou le quatre de ce mois.

D. Connaissez-vous le lieu d'où il est sorti, le dimanche sept, pour se rendre dans votre logement?

R. Non, Monsieur.

D. Mais puisque vous l'attendiez à une heure indiquée, vous connaissez du moins la personne qui s'est chargée de l'aller chercher dans sa retraite pour le conduire chez vous?

R. Non, Monsieur. Voici comme les choses se sont passées: j'étais instruit que Lavallette arriverait chez moi sur les neuf heures et demie, et je l'y attendais avec M. Bruce. Deux ou trois minutes avant l'heure donnée M. Bruce me quitta, descendit, et remonta presque aussitôt, amenant avec lui Lavallette, qui lui avait été remis par une personne que je ne connais pas, et qui n'est point entré dans la maison.

D. Cette personne, ou une autre de sa part, ne se serait-elle pas un moment après aperçue que Lavallette avait oublié ses pistolets, et ne se serait-elle pas présentée votre porte pour les lui remettre ?

R. Oui, Monsieur. Mon domestique John Baldwich est venu m'annoncer que quelqu'un demandait à me parler dans l'anti-chambre. Je sortis pour l'empêcher d'entrer ; je vis un Français vêtu d'une redingotte un peu entr'ouverte, et de manière à me laisser apercevoir dans la poche de côté un pistolet à deux coups. La première idée qui se présenta à mon esprit fut que tout était découvert, et j'avoue que je me préparais à faire résistance. Je lui demandai le pistolet, et j'avançai en même temps la main pour le saisir avant qu'il eût eu le temps de faire un mouvement. Il n'en fit aucun pour s'opposer à mon action ; il me dit seulement : *Vous êtes donc de mes amis* ? Je lui répondis affirmativement ; mais je ne voulus pas permettre qu'il entrât dans ma chambre, et j'insistai pour qu'il s'éloignât sur-le-champ : c'était la première fois que ce Français se présentait à mes yeux, et je l'ai vu si peu de temps, qu'il me serait impossible aujourd'hui de le reconnaître. Le pistolet a été oublié chez moi le lendemain matin par M. Lavallette. A mon retour, je donnai à mon domestique l'ordre de le décharger, et j'eus la précaution moi-même d'ôter l'amorce. Ce pistolet doit être chez moi : mon valet-de-chambre pourra le donner.

D. Monsieur et Madame Sauvage, dont vous occupiez une partie de l'appartement, ou quelques-uns de leurs domestiques, ou enfin la portière de la maison, ont-ils eu connaissance de l'introduction de M. de Lavallette chez vous, et du séjour qu'il y a fait pendant la nuit ?

R. Non, Monsieur. Monsieur et Madame Sauvage avaient dîné en ville, ou du moins je le présume ; car j'ai remarqué que la clef n'était point à leur porte : leurs domestiques se tiennent d'ordinaire dans la cuisine, qui est située un étage plus bas. Au moment où M. de Lavallette est entré, il n'y avait dans mon anti-chambre que Baldwick, et mon domestique, que j'ai chassé le mardi suivant. Quant à la portière, je ne lui ai jamais parlé, et je ne crois pas que les personnes qui venaient chez moi se soient jamais adressées à elle.

D. Quelle est la personne qui, le lendemain, entre sept et huit heures du matin, est venue dans le boguet qui s'est arrêté à votre porte, et dans lequel est monté Lavallette pour sortir avec elle de Paris?

R. J'ai déjà dit que je ne croyais devoir la vérité qu'en ce qui me touche, et je ne puis avec honneur satisfaire à cette question.

D. Lorsque vous êtes arrivés à Compiègne, est-ce par un Français ou par un Anglais que vous avez été recueillis et traités pendant l'espace de temps que vous y êtes restés?

R. Je crois que la même raison m'empêche de répondre sur ce point.

D. Lorsque le dimanche sept au soir, Lavalette est entré chez vous, était-il vêtu d'un uniforme d'officier anglais?

R. Non, Monsieur, et je saisis cette occasion pour expliquer la réponse que j'ai faite à la préfecture de police, et que je ne veux pas qui soit regardée comme un mensonge. L'on m'a demandé s'il n'était pas venu chez moi une personne habillée en uniforme anglais, j'ai répondu négativement ; ce qui ne constitue pas une contradiction avec ce que je dis aujourd'hui : en effet, M. Lavallette avait encore son habillement français, et c'est chez moi seulement qu'il s'est revêtu de son uniforme anglais.

D. Quelles sont les personnes qui vous ont adressé ou apporté cet uniforme?

R. L'uniforme m'a été prêté par un officier de mon régiment qui n'était point dans la confidence, et auquel j'avais fait accroire que M. Bruce et moi nous voulions enlever une femme de Paris. Cet officier se nomme Bruce; il est lieutenant de la première compagnie des grenadiers de la garde royale d'Angleterre.

D. Il paraît cependant, d'après la note que vous avez signée et que je vous représente, que cet uniforme aurait été fourni par un tailleur : cela résulte du premier article de cette note, montant à cent cinquante-deux francs?

R. Cet article n'a point de rapport à l'habit d'uniforme; le tailleur n'avait été chargé que de la confection d'une redingote, d'un gilet bleu et d'un pantalon gris ; j'en avais remis la mesure au tailleur sans lui en faire connaître l'objet, et j'avais eu soin d'éloigner tout soupçon de sa part, en lui disant que ces vêtemens devaient être envoyés à Abbeville à un quartier-maître ; et pour donner plus de vraisemblance à ce récit, je lui avais donné l'ordre d'envelopper le tout dans un papier, ajoutant que je le remettrais au domestique du quartier-maître qui se trouvait alors à Paris.

Le tailleur demeure rue Pinon : il est Allemand ; il a une petite boutique. J'ai oublié son nom de famille, et ne le connais que sous celui de Frédérick.

Lecture faite, etc.

Cinquième interrogatoire. — 9 février.

D. Reconnaissez-vous, pour vous appartenir, le porte-feuille en cuir jaune que je vous représente, scellé par une bande de papier, sur les deux bouts de laquelle est apposé le cachet de la préfecture de police ?

R. Oui, Monsieur, ce portefeuille m'appartient.

Et à l'intant ayant rompu les bandes de papier, nons avons trouvé un second portefeuille en maroquin noir, non fermé, et renfermant divers papier que nous avons représentés au sieur Hutchinson, lequel, après les avoir examinés, a déclaré les reconnaître tous pour avoir été saisis chez lui.

Nous avons alors formé deux liasses de ces papiers.

La première liasse contient trente-quatre pièces compo-posées de notes et divers exercices sur les langues française et italienne.

La deuxième et dernière liasse contient trente-une pièces de diverses lettres, mais dont il nous a fait observer que deux ou trois ne lui sont pas adressées. Les autres ne sont relatives qu'à des affaires de famille.

Nous avons également trouvé un petit registre servant à inscrire les comptes du sieur Hutchinson, lequel registre nous avons signé et paraphé *ne varietur* sur le couvert d'icelui.

Ce fait, nous avons coté et paraphé toutes les pièces composant les deux liasses, que nous avons attachées avec une corde neuve sans nœuds, sur les deux bouts de laquelle nous avons apposé notre cachet et celui du sieur Hutchin-son, qui a également paraphé toutes les pièces.

Nous avons ensuite donné lecture du présent au sieur Hutchinson, lequel a signé avec nous et le greffier.

Ainsi signé à la minute, etc.

Sixième interrogatoire. — 14 février.

D. Vos nom, prénoms, âge, profession, demeure et lieu de naissance?

R. Je m'appelle John-Hely Hutchinson; je suis âgé de vingt-cinq ans, capitaine des grenadiers de la garde royale d'Angleterre, né à Wixfort en Irlande, logé à Paris, rue du Helder, numéro trois.

D. Pourquoi votre domestique n'a-t-il pas satisfait à la citation que nous lui avions notifiée, à l'effet de comparaître devant nous, et de nous apporter le pistolet que, lors de votre précédent interrogatoire, vous avez déclaré devoir être trouvé chez vous?

R. C'est qu'à la même époque, tous mes gens étaient partis pour Cambray. Je n'ai aucun intérêt à cacher ce pistolet; j'en avais moi-même fait la déclaration, et je renouvelle l'offre de le représenter si on le juge nécessaire, et d'écrire en conséquence à Cambray.

D. La participation que vous avez eue à l'évasion de Lavallette n'était-elle pas le commencement de l'exécution d'un complot arrêté dont vous aviez eu connaissance, et qui avait pour principal objet de détruire ou changer le gouvernement?

R. Non; je n'ai eu d'autre pensée que de sauver un malheureux.

D. N'aviez-vous pas écrit une lettre à M. Bruce le vendredi qui a précédé l'arrivée chez vous de Lavallette, et qui était datée de l'hôtel du Helder?

R. Je n'ai jamais habité cet hôtel : c'est mon oncle qui y logeait.

D. N'avez-vous pas reçu, le treize décembre dernier, une lettre du général Wilson, dans laquelle il vous disait : *si ces expédiens sont essayés, le succès doit s'ensuivre?* A quoi se rapporte cette phrase?

R. Je me souviens fort bien d'avoir reçu cette lettre; mais je déclare sur mon honneur qu'elle n'avait aucun rapport à M. Lavallette; elle avait trait à des affaires particulières sur lesquelles je ne puis m'expliquer.

Lecture faite, etc.

Septième interrogatoire. — 23 février.

D. Vos noms, prénoms, âge, profession, lieu de naissance et demeure.

R. Je m'appelle John Hely-Hutchinson ; je suis âgé de vingt-six ans, né à Wixfort en Irlande, capitaine des grenadiers de la garde royale d'Angleterre, logé à Paris, rue du Helder, numéro trois.

D. Reconnaissez-vous pour être écrite de votre main ou dictée par vous, la lettre que je vous représente, et qui a été trouvée parmi les papiers de Lavallette ?

R. Je ne connais pas cette lettre, elle n'est pas de mon écriture ; dès les premières lignes, je vois que celui qui l'a écrite parle d'une conversation qu'il a entendue chez lord Castlereagh, et je déclare que je ne suis jamais allé chez lui à Paris.

Lecture faite, le prévenu a déclaré persister dans ses réponses, et a signé avec nous et le greffier, tant la présente que lalettre que nous lui avons présentée.

Ainsi signé à la minute :

HUCTHINSON, DUPUY et DEROSTE.

FIN DES INTERROGATOIRES.

PROCÈS

DES PRÉVENUS DE L'ÉVASION

DE M. DE LAVALETTE.

Audience du 22 avril.

Long-temps avant l'heure fixée pour l'ouverture de l'audience, la vaste salle de la cour d'assises était remplie de Français et d'étrangers attirés par la célébrité de cette cause.

A onze heures, les accusés, escortés par des gendarmes, sont conduits aux bancs qui leur sont destinés. Le général Wilson est en grand uniforme d'officier-général anglais, et décoré de tous ses Ordres. Il siége sur le premier banc, à la gauche du capitaine Hutchinson, en uniforme d'officier des gardes anglaises ; puis M. Bruce en frac français. Les accusés anglais ne sont pas, comme de coutume, séparés les uns des autres par des gendarmes.

Leurs défenseurs sont MM. Dupin, avocat; Honoré, avoué à la cour royale de Paris. Derrière eux sont les autres accusés : Eberle, gardien de la Conciergerie, défendu par M*e*. Claveau ; Roquette Kerguidu, père, greffier-concierge de la Conciergerie, defendu par M⁰. Blaque ; Benoît Bonneville, valet-de-chambre de Lavalette, défendu par M⁰. Mouguin ; et Guérin, dit Marengo, commissionnaire, dont l'avocat est M⁰. Confleur.

Les jurés désignés par le sort dans la chambre du conseil traversent la salle et vont prendre place vis-à-vis du banc des prévenus. Les jurés en fonctions sont MM. Trouillebert, avoué à la cour royale de Paris ; Thiron, référendaire au conseil du sceau ; Levacher-Duplessis, avocat ; Lemit, avoué près le tribunal de première instance de Paris ; Thévenin, avocat ; Grillon-Deschapelles, Edon, notaires ; Leprieur, banquier ; Marie, avocat aux conseils du Roi ; Deleuze, avocat aux conseils et à la cour de cassation ; Maurey jeune, ancien avoué ; Cottereau aîné, épicier en gros. Les jurés suppléans sont MM. Gille, docteur en médecine ; Moreau, avocat.

Les conseillers composant la première chambre de la cour d'assises, MM. Plaisant-Duchâteau, Dupaty, Lannain, Berny et Demetz, sont introduits ; à leur tête est M. de Sèze fils, leur président ; vient ensuite M. Hua, avocat-général, suivi du greffier Carré. La cour ayant pris ses places, le président invite les personnes admises dans l'enceinte de la cour à se tenir dans le respect et le silence que l'on doit observer devant la loi et en présence de la justice.

Il interroge ensuite les accusés sur leurs noms, prénoms, professions, âges et domiciles.

Premier accusé : Je me nomme Jacques Eberle,

âgé de trente-huit ans, gardien de la Conciergerie, né à Paris, demeurant rue des Trois-Canettes.

Second accusé : Je me nomme Jean-Baptiste Roquette de Kerguidu, âgé de soixante et un ans, greffier-concierge de la Conciergerie de Paris, né à Libourne, demeurant à Paris, à la Conciergerie.

Troisième accusé : Je me nomme Benoît Bonneville, âgé de trente-quatre ans, né à Paris, valet de chambre chez M. de Lavalette, rue de Grenelle Saint-Germain, n°. 105.

Quatrième accusé : Je me nomme Joseph Guérin, âgé de cinquante-trois ans, né à Charteau (en Savoie), commissionnaire et porteur, demeurant à Paris, rue du Cœur-Volant, n°. 4.

Cinquième accusé : Je me nomme Robert-Thomas Wilson, militaire anglais, âgé de trente-huit ans, né à Londres, résidant depuis quelque temps à Paris, rue de la Paix, n°. 31.

Sixième accusé : Je me nomme John Ely Hutchinson, âgé de vingt-cinq à vingt-six ans, capitaine des grenadiers de la garde de S. M. Britannique, né à Wexford (en Irlande), logé à Paris, rue du Helder, n°. 3.

Septième accusé : Je me nomme Michel Bruce, citoyen anglais, âgé de vingt-six ans, né à Londres, demeurant rue Saint-Georges, n°. 24.

On a remarqué que M. Bruce, en répondant à ces questions, a appuyé avec force sur la qualité de citoyen anglais, la seule qu'il ait prise.

Après avoir rappelé aux défenseurs les obligations

que la loi leur impose, le président fait prêter individuellement aux jurés le serment solennel prescrit par la loi. M. Bruce se lève, et annonce l'intention de lire un écrit qu'il tient à la main ; le président, d'un geste, lui impose silence, et dit :

Dans cette cause, plusieurs Anglais se trouvent accusés : ils n'ont pas demandé d'interprète, se fiant sur la connaissance approfondie qu'ils ont de la langue française. Cependant la loi française, toujours protectrice, exige qu'il soit donné des interprètes aux accusés étrangers ; elle ne veut pas qu'ils puissent former des vœux inutiles dans leur défense ; elle multiplie les sûretés autour d'eux ; elle va au-devant de leurs vœux avant qu'ils soient exprimés. La cour, en conséquence, nomme d'office, pour interprète dans cette cause, John Roberts.

L'interprète, nommé d'office, prête serment entre les mains du président.

Accusé, dit le président en s'adressant à M. Bruce, maintenant vous pouvez parler.

M. Bruce lit la déclaration suivante :

« Messieurs,

» Quoique soumis à la loi française pour l'accusation dont nous sommes devenus l'objet, il ne nous a jamais été interdit d'invoquer le droit des gens.

» La réciprocité entre les nations est le premier article de tous les traités ; et comme en Angleterre les Français accusés ont le droit de réclamer un jury mi-parti de nationaux et d'étrangers ; il nous a semblé que le même droit , ou , si l'on veut, la même faveur, ne pourrait nous être refusée en France.

» C'est dans cette vue que nous avons fait soumettre à des jurisconsultes de notre nation, diverses questions dont la solution devait attester le droit dont nous parlons.

» Forts de cette décision, nous aurions donc pu réclamer la faveur d'un jury mi-parti de Français et d'Anglais.

» Mais, Messieurs, la justice qui nous a déjà été rendue en grande partie par la chambre d'accusation, nous a déterminés à en user autrement.

» Nous nous abandonnons pleinement et sans réserve à la loyauté et à la conscience d'un jury entièrement composé de Français. Nous ne ferons même aucune récusation.

» Si, du reste, nous faisons de ceci la matière d'une déclaration spéciale, c'est pour exprimer que *nous n'entendons renoncer qu'au droit qui nous est personnel*, et pour empêcher que, plus tard, on ne s'autorise de la manière dont on aura procédé envers nous, contre ceux de nos compatriotes qui, à l'avenir, se trouveraient dans la même situation.

» Nous ne pouvons ni ne voulons préjudicier à leur droit.

» En foi de quoi nous avons signé la présente déclaration.   Paris, ce 22 avril 1816.

» *Signé* WILSON, BRUCE et HUTCHINSON.

» Pour consultation,

         » *Signé* DUPIN, *avoué*. »

M^e. Dupin, avocat, défenseur des accusés anglais, demande à la cour acte de leur déclaration.

M. le Procureur-général. Cette déclaration a lieu de nous étonner. Si quelque chose est attributif de juridiction, c'est un délit; car il attente à l'ordre public, et il n'est point d'État qui n'ait le droit et pour qui même ce ne soit un devoir de veiller à sa conservation. La France, sous laquelle on insinue plutôt qu'on ne propose cette déclaration, ne la justifie pas. Si c'est une protestation, vous devez la rejeter; si c'est une déclaration simple, elle est inutile et vous ne pouvez en donner acte. Je requiers donc que, sans avoir égard à la déclaration des accusés anglais, et sans qu'il leur en soit accordé acte, il soit passé outre aux débats.

M^e. Dupin : Je ne vois ici aucune opposition entre les intérêts de mes cliens et le ministère public. Ce n'est pas une protestation contre les débats, c'est une déclaration solennelle par où ils commencent, et par laquelle ils se sont livrés à la loyauté et à la conscience des jurés français. Il n'y a pas de loi française qui défende que le jury soit composé mi-partie de Français et mi-partie d'Anglais. Mais il ne s'agit pas de repousser cette prétention qui peut être mal fondée, puisqu'elle n'est pas reproduite, et que la déclaration en contient au contraire le sacrifice. Il ne faut pas en conclure pour cela qu'elle soit inutile, mes cliens ne voulant pas qu'il leur soit reproché d'avoir négligé de la faire; elle est moins pour eux que pour leurs compatriotes qui pourraient se trouver en pareilles circonstances. Le jury qui doit les juger doit-il être composé mi-partie d'Anglais et de Français? c'est une question neuve. Ils ne s'élèvent pas pour eux; ils se soumettent pour eux-mêmes à la loi française; mais ils ne doivent pas oublier qu'ils sont Anglais, qu'ils retourneront en Angleterre, et là ils veulent jouir du premier honneur pour un citoyen anglais, celui de n'avoir jamais sacrifié, pas même dans les fers, les droits de citoyen anglais. Cette déclaration ne préjudicie en rien aux droits de la justice ; on ne doit donc pas en refuser acte ; au surplus, je m'en rapporte à la sagesse de la cour.

M. le Procureur du Roi. Ou l'on se soumet à la loi, et alors on reconnaît sa juridiction ; ou l'on ne s'y soumet pas, et alors on se réserve le droit de la contredire ; et c'est ce droit que je repousse dans l'honneur de la nation. Peu importe que vous soyez soumis de sentiment à la loi française; vous l'êtes de nécessité. Accusé anglais, *defende causam !*

La cour se retire dans la chambre du conseil pour en délibérer; et, après quelques minutes, la cour étant rentrée, le président prononce l'arrêt suivant : « La cour, après avoir entendu les accusés anglais en personne et par l'organe de leur défenseur; après avoir entendu M. le procureur-général en ses conclusions et en avoir délibéré conformément à la loi; attendu que tout délit est essentiellement attributif de juridiction, que l'exception de réciprocité invoquée n'est admise par aucune disposition du code d'instruction criminelle, déclare qu'il n'y a lieu à donner acte aux accusés anglais de leur déclaration, et ordonne qu'il sera passé outre aux débats. »

Accusés, ajoute le président, soyez attentifs; il va vous être donné lecture de l'ordonnance qui vous a envoyés pour être jugés par la cour d'assises, et de l'acte d'accusation dressé contre vous.

Le greffier donne lecture de ces pièces.

COUR ROYALE DE PARIS.

ARRÊT DE RENVOI.

La cour réunie en la chambre du conseil ;

M. le procureur-général est entré, et a fait le rapport du procès instruit contre Robert-Thomas Wilson, John-Ely Hutchinson, Michel Bruce, Jacques Eberle, Jean-Baptiste Roquette de Kerguidu, père, Émilie-Louise Beauharnais, femme Lavalette, Benoît Bonneville, Joseph Guérin, dit Marengo ; et le greffier a donné lecture des pièces du procès, qui ont été laissées sur le bureau; le substitut a déposé sur le bureau sa réquisition écrite et signée, tendant à ce que Anne-Marguerite Boylledieu, veuve Dutoit, les nommés Wilson, Hutchinson et Bruce, soient mis en accusation, comme prévenus des crimes et délits prévus par les art. 87, 88, 89, 240 et 248 du code pénal ;

A ce que Eberle soit également mis en accusation, comme prévenu du crime prévu par l'art. 240 dudit code ;

A ce que Roquette de Kerguidu, père, la veuve Dutoit, Benoît Bonneville et Guérin, dit Marengo, constitués seulement en prévention du délit déterminé par l'art. 240 du code pénal, soient, à raison de la connexité, renvoyés en état de mandat d'arrêt devant la cour d'assises de la Seine;

A ce qu'il soit déclaré n'y avoir lieu à suivre contre la femme Lavalette, et à ce que sa liberté provisoire soit déclarée définitive.

M. le procureur-général s'est retiré ainsi que le greffier.

Il résulte des pièces du procès les faits suivans : Le 20 décembre 1815, vers deux heures de l'après-midi, Émilie-Louise Beauharnais, femme Lavalette, usant de la permission qui lui avait été accordée de communiquer avec Marie-Chamans de Lavalette, son mari, condamné à la peine capitale pour crime de haute trahison, se fit transporter dans une chaise à porteurs à la Conciergerie, au Palais de justice; les porteurs étaient Joseph Guérin, dit Marengo, et le nommé Brigant. Arrivés près de la grille du Palais, la femme Lavalette descendit de sa chaise, et fut introduite dans la prison. Benoît Bonneville, son domestique, qui l'avait accompagnée, resta dans la première pièce, dite l'avant-greffe. Pendant le cours de cette visite, Lavalette envoie chercher sa fille, âgée de treize ans, qui arrive accompagnée d'Anne-Marguerite Boylledieu, veuve Dutoit, femme attachée à son service, âgée de soixante-dix ans.

Jean-Baptiste Roquette de Kerguidu, père, greffier-concierge de la maison de justice, les laissa entrer dans la prison, quoiqu'elles ne fussent pas munies de permissions à cet effet. Vers cinq heures du soir, Lavalette se mit à table pour dîner avec sa femme, sa fille et la veuve Dutoit ; ils furent servis par Jacques Éberle, guichetier de la prison, préposé particulièrement à la garde de Lavalette, qui lui payait néanmoins une rétribution, parce qu'il l'employait comme domestique. Après le dîner, Éberle alla chercher le café qu'il apporta, et on lui recommanda alors de ne rentrer dans la chambre de Lavalette que lorsqu'on sonnerait.

Vers sept heures, on sonne en effet pour avertir Éberle de faire prévenir les porteurs de se tenir prêts, parce que la femme Lavalette allait partir : mais Lavalette avait mis à profit le temps qu'il était resté sans surveillans ; il s'était revêtu d'une partie des vêtemens de sa femme ; il s'était couvert la tête d'un chapeau à plumes qui était sur la tête de celle-ci ; et, ayant mis une collerette et des gants, il sortit bientôt après de la Conciergerie à la faveur de ce déguisement, tenant par la main sa fille et s'appuyant sur la veuve Dutoit. Il est difficile d'admettre qu'Éberle ne se soit pas aperçu du trajet ci-dessus. Pour mieux tromper la surveillance du concierge et des autres gardiens, Lavalette s'était caché la figure avec un mouchoir, comme pour étouffer ses sanglots et essuyer ses larmes. Pendant ce temps, Bonneville s'était assuré du nommé Guérin, dit Marengo, et il s'était pourvu d'un second porteur pour remplacer le nommé Brigant, qui avait rejeté les offres qu'on lui avait faites. La chaise à porteurs se trouvait donc prête ; Lavalette y entra, et les porteurs se mirent en marche, Bonneville, la veuve Dutoit et la fille Lavalette suivant jusqu'au bout de la rue de la Barillerie, où, étant arrivé, Lavalette sortit de la chaise, prit la fuite et fut remplacé par sa fille.

Cependant, l'évasion n'était pas encore connue dans la prison, lorsque le concierge Roquette de Kerguidu, père, entra dans la chambre de Lavalette; il n'y vit d'abord personne, mais il entendit remuer derrière un paravent; il sortit, revint quelque temps après; ayant alors appelé sans qu'on lui répondît, et concevant des inquiétudes, il s'avança vers le paravent, et, reconnaissant la femme Lavalette, il s'écria à l'instant: « Ah! » madame, vous m'avez perdu! » et voulut sortir pour donner l'alarme. Il paraît qu'alors la femme Lavalette fit quelques efforts pour le retenir; enfin, il sortit de la chambre, et bientôt on se mit à la poursuite de la chaise à porteurs; on l'atteignit à une certaine distance, mais on n'y trouva plus que la fille Lavalette.

Eberle, qui avait reçu de Roquette fils l'ordre de suivre la rue de la Barillerie, pour atteindre, s'il était possible, le prisonnier évadé, était revenu au contraire à la Conciergerie, sous prétexte de s'assurer de la réalité de l'évasion de Lavalette et pour visiter la chambre; Éberle avait aussi, au moment de la sortie de Lavalette, emmené au cabaret le nommé Bodiscar, guichetier, qui aurait pu nuire à la réussite du projet.

Tous ces faits donnèrent lieu à une instruction contre les auteurs ou complices présumés de l'évasion. La femme Lavalette, interrogée au moment même de l'événement et depuis, a bien persisté à déclarer qu'elle avait seule conçu et exécuté le projet ; mais l'instruction n'a produit à cet égard aucune charge directe et positive, qui puisse donner quelque confiance dans ses déclarations ; il a paru en résulter que la femme Lavalette n'aurait pris au contraire, ainsi que sa fille et la veuve Dutoit, aucune part active à l'exécution de ce projet ; mais que Lavalette aurait conçu et exécuté, sans être aidé par elles, son projet d'évasion ; et qu'il n'aurait obtenu des trois femmes qu'une assistance, ou plutôt une obéissance passive, que leur position vis-à-vis de lui rend vraisemblable.

Quant à Benoît Bonneville, il paraît avoir favorisé avec connaissance l'évasion de son maître, et y avoir même coopéré activement, en lui procurant deux porteurs sur lesquels il pût compter, et en essayant de séduire le nommé Brigant par l'offre d'une somme de vingt-cinq louis ; Joseph Guérin, dit Marengo, ne paraît pas étranger à la participation active de l'évasion ; il avait joint ses instances à celles de Bonneville, pour persuader à Brigant d'accepter les offres qu'on faisait au dernier. Quant au deuxième porteur, nommé Chapy, il ne s'est élevé contre lui aucun indice d'avoir participé sciemment à l'évasion, et il a été mis hors de prévention dès le commencement de l'instruction. Le guichetier Eberle n'a point détruit, par ses réponses, les charges qui s'élèvent contre lui, d'avoir favorisé de connivence l'évasion, et qui résultent des faits ci-dessus exposés. Enfin Roquette père, concierge, ne s'est pas disculpé du délit qui lui est imputé, d'avoir, par sa négligence, facilité l'évasion du condamné confié à sa garde.

L'instruction relative aux susnommés était terminée, et il allait être passé outre, lorsqu'un événement imprévu, qui semblait être la suite de l'évasion de Lavalette, et avoir avec ce premier fait la plus étroite connexité, parvint à la connaissance de la justice, et nécessita de nouvelles poursuites. Lavalette, évadé de la Conciergerie, n'était pas à l'abri de tout danger; il n'avait pu sortir de Paris, et les recherches qui s'y faisaient ne pouvaient manquer de le faire bientôt découvrir. Pour se soustraire à sa condamnation, il n'avait d'autre moyen que de tout risquer afin de sortir de France; mais ce moyen était périlleux, parce que son signalement avait été envoyé à toutes les autorités et à la gendarmerie. Néanmoins on apprit bientôt que ce condamné était parvenu à sortir de Paris, et même à passer les frontières de la France. Ceux qui lui en avaient fourni les moyens ne restèrent pas long-temps inconnus : une lettre écrite par sir Robert-Thomas Wilson, général major anglais en non activité, sous la date du 11 janvier 1816, contenant les détails les plus circonstanciés de la sortie de France de Lavalette, a confirmé les soupçons qui s'élevaient à cet égard contre ledit Wilson, et encore contre John-Ély Hutchinson, capitaine anglais, et Michel Bruce. Elle a fait connaître la part que chacun d'eux avait prise au recélé de Lavalette, et à faciliter sa sortie de France. En conséquence, une instruction a été dirigée contre eux ; il en est résulté que, dès les premiers jours de janvier, Wilson et Bruce, ayant eu connaissance que Lavalette était encore à Paris , avaient formé le projet de le soustraire à la justice; qu'ils avaient communiqué ce projet à Hutchinson, qui s'y était associé; qu'en effet, le 7 janvier, ils s'étaient réunis chez ce dernier , et y avaient concerté et arrêté , avec Lavalette, les moyens qui devaient être employés pour assurer la sortie de France au condamné; que Bruce et Hutchinson s'occupèrent de faire faire les habits nécessaires pour faciliter la fuite de Lavalette ; que Hutchinson le recéla dans son logement la nuit du 7 au 8 janvier; que le lendemain il accompagna à cheval le cabriolet où étaient Wilson et Lavalette, et qu'enfin ledit Wilson ne quitta Lavalette qu'après l'avoir conduit hors de France et lui avoir facilité les moyens de surmonter tous les obstacles qui pourraient l'arrêter sur sa route. Dans une partie de la correspondance de Wilson, qui est parvenue à la connaissance de la justice, on a remarqué des passages dans lesquels ce prévenu et ceux avec lesquels il correspond d'une manière intime et habituelle en Angleterre, en professant les principes les plus dangereux, les plus opposés à toute espèce d'ordre social, manifestent beaucoup de haine contre le gouvernement actuellement existant en France , et semblent appeler par leurs vœux les événemens qui pourraient en troubler l'ordre et en altérer la force et la stabilité : l'on avait pu inférer des expressions contenues dans ces lettres , que les partisans de ces affreuses et épouvantables doctrines , ennemis jurés de tous les gouvernemens sages et réguliers , après en avoir désiré le renversement, n'étaient pas loin d'en compléter la ruine.

En conséquence, dans l'instruction qui a eu lieu contre Wilson et ses complices, on a recherché si le fait qui leur est imputé relativement au recélé et à la sortie de France de Lavalette, ne se rattachait pas à un complot par eux formé contre la sûreté intérieure du royaume, et s'ils n'avaient pas eu pour objet de produire une commotion politique qui pût ébranler et même renverser le gouvernement. Mais les charges qui sont résultées des pièces de l'instruction, quelque caractère qu'elles présentent, ne paraissent néanmoins pas suffisantes dans les termes de la loi pour établir contre ces prévenus une prévention d'attentat ou de complot contre le gouvernement ; la correspondance de Wilson ne présentant pas de sa part de résolution concertée et arrêtée d'agir en conformité des affreux principes déjà professés, et Bruce et Hutchinson étant d'ailleurs étrangers à cette correspondance. Néanmoins l'instruction étant terminée et les procédures ayant été jointes, attendu la connexité, le tribunal de première instance de Paris, par ordonnance du 2 mars présent mois, a statué sur l'ensemble du procès ; il a prévenu Wilson : 1°. de complot dirigé en général contre le système politique de l'Europe, et ayant pour but spécial de détruire ou de changer le gouvernement français, d'exciter les habitans à s'armer contre l'autorité du roi ; 2°. d'avoir tenté de parvenir à l'exécution de ce complot en cherchant à arracher, par adresse ou par violence, aux poursuites de la justice, des individus compris dans l'art. 1er. de l'ordonnance du 24 juillet 1815, et principalement en concertant, arrêtant et consommant l'évasion et le recèlement de Lavalette, condamné pour crime de haute trahison. Hutchinson et Bruce ont été prévenus de s'être rendus complices de Wilson, en aidant et assistant ce dernier avec connaissance dans les faits qui ont préparé, facilité et consommé le même complot, et d'avoir coopéré à son exécution ; savoir, Bruce, en concertant avec Wilson la fuite de Lavalette, et en lui en fournissant les moyens ; et Hutchinson en recélant Lavalette, et en l'accompagnant jusqu'à Compiègne.

A l'égard des individus prévenus d'avoir facilité l'évasion de Lavalette de la prison de la Conciergerie, la même ordonnance a prévenu Éberle d'avoir, de connivence avec Lavalette, dont il était gardien, facilité l'évasion de ce condamné ; Roquette de Kerguidu, concierge ; la veuve Dutoit, Bonneville et Guérin, dit Marengo, ont été prévenus d'avoir facilité l'évasion de Lavalette, le premier par négligence, et les autres par leur coopération volontaire.

A l'égard de la femme Lavalette, considérant qu'il n'existait pas contre elle des indices suffisans d'une coopération criminelle à l'évasion de son mari, il a été déclaré qu'il n'y avait lieu à suivre contre elle quant à présent.

La cour, après avoir délibéré en ce qui concerne Robert-Thomas Wilson, John-Ély Hutchinson, et Michel Bruce ; attendu qu'il ne résulte pas des pièces de l'instruction charges suffisantes contre eux, d'avoir, vers la fin de 1815, et dans le mois de janvier 1816, commis un attentat, formé ni exécuté un complot ayant pour objet de détruire ou changer le gouvernement français, ou d'exciter les citoyens ou habitans à s'armer contre l'autorité royale, ni de s'être rendus complices desdits crimes;

Dit qu'il n'y a lieu à accusation contre lesdits Wilson, Hutchinson et Bruce, à raison desdits faits d'attentat et de complot; en conséquence annule l'ordonnance de prise de corps contre eux décernée par le tribunal de première instance de Paris, le 2 mars présent mois, et dans laquelle les faits ont été mal qualifiés.

En ce qui touche Jacques *Éberle*, attendu que de l'instruction il résulte charges suffisantes contre lui, d'avoir, le 20 décembre 1815, de connivence avec Lavalette, condamné à la peine capitale, et à la garde duquel il était préposé, facilité l'évasion de la prison audit Lavalette;

En ce qui touche Jean-Baptiste *Roquette de Kerguida* père, attendu qu'il résulte de l'instruction charges suffisantes contre lui, d'avoir, le 20 décembre 1815, par négligence, facilité l'évasion de Lavalette, condamné à la peine capitale, et à la garde duquel il était préposé, en qualité de greffier-concierge de la prison;

En ce qui touche Benoît Bonneville, et Joseph Guérin, dit Marengo, attendu qu'il résulte des pièces de l'instruction charges suffisantes contre eux, d'avoir, le 20 décembre 1815, facilité l'évasion de Lavalette, condamné à la peine capitale, en procurant à ce condamné les moyens d'effectuer ladite évasion;

Et encore en ce qui touche Wilson, Hutchinson et Bruce, attendu qu'il résulte des pièces et de l'instruction charges suffisantes contre eux, d'avoir, de complicité, dans le mois de janvier 1816, recélé Lavalette, sachant qu'il était condamné à la peine capitale, et d'avoir facilité et consommé son évasion;

Crimes et délits connexes prévus par les articles 59, 60, 204 et 248 du code pénal;

Ordonne la mise en accusation de Jacques Éberle; le renvoie devant la cour d'assises du département de la Seine, pour y être jugé conformément à la loi; et attendu la connexité et vu l'article 3 du code civil, qui oblige tous ceux qui habitent le territoire, en matière de police et de sûreté; renvoie devant la même cour d'assises lesdits Roquette père, Bonneville, Guérin, Wilson, Hutchinson et Bruce, en état de mandat d'arrêt, pour y être jugés à raison des délits qui leur sont imputés, par un seul et même arrêt.

En ce qui touche Louise-Émilie Beauharnais, femme Lavalette, et Anne-Marguerite Boylledieu, veuve Dutoit : attendu qu'il ne résulte pas des pièces et de l'instruction charges suffisantes contre elles, d'avoir prêté une assistance criminelle à l'évasion de Lavalette, ni d'avoir facilité ladite évasion, et que l'obéissance passive à laquelle elles se trouvaient réduites par leurs qualités et leurs positions vis-à-vis de Lavalette, ne pouvait d'ailleurs être considérée comme une participation volontaire et active aux faits de l'évasion effectuée par ce condamné, dit qu'il n'y a lieu à accusation, ni à poursuite contre lesdites femmes Lavalette et veuve Dutoit;

En conséquence déclare définitive la liberté provisoire accordée à ladite femme Lavalette, dans le cours de l'instruction, et ordonne que Anne-Marguerite Boylledieu, veuve Dutoit, sera sur-le-champ mise en liberté, si elle n'est retenue pour autre cause;

Ordonne, en outre, que Jacques Éberle, âgé de trente-huit ans, l'un des gardiens de la Conciergerie de Paris, né à Dijon, demeurant rue des Trois-Canettes, en la Cité, n°. 3, taille d'un mètre soixante-deux centimètres, front haut, nez ordinaire, yeux bruns, bouche moyenne, menton saillant, figure ovale et gravée, cheveux et sourcils noirs, sera pris au corps et conduit dans la maison de justice, près la cour d'assises de la Seine, où il sera écroué par tous huissiers requis; comme aussi que le présent arrêt sera exécuté à la diligence du procureur-général.

Fait au Palais de Justice de Paris, le 15 mars 1816, en la chambre du conseil, où siégeait M. Malleville, président; MM. Pinot Cocheris, Bertin d'Aubigny, Larrieu, conseillers; et M. de Hussy, conseiller auditeur, ayant voix délibérative; tous composant la chambre d'accusation, et qui ont tous, ainsi que le greffier, signé le présent.

Acte d'accusation contre Jacques Éberle, Jean-Baptiste Roquette de Kerguidu, Benoît Bonneville, Joseph Guérin, dit Marengo, Robert Thomas Wilson, John-Ély Hutchinson et Michel Bruce.

Le procureur-général près la cour royale de Paris expose que, par arrêt du 15 mars présent mois, la cour a ordonné la mise en accusation et le renvoi devant la cour d'assises du département de la Seine,

De Jacques Eberle, prévenu d'avoir, de connivence avec un prisonnier condamné à la peine capitale, et à la garde duquel il était préposé, facilité l'évasion de ce condamné ;

Et le renvoi par-devant la cour d'assises, attendu leur connexité, pour y être jugés correctionnellement,

1°. De Jean-Baptiste Roquette de Kerguidu, prévenu d'avoir, par négligence, facilité l'évasion de ce condamné, à la garde duquel il était préposé ;

2°. De Benoît Bonneville, et Joseph Guérin, dit Marengo, prévenus d'avoir facilité l'évasion de ce condamné, en lui procurant les moyens d'effectuer ladite évasion ;

3°. De Robert-Thomas Wilson, de John-Ely Hutchinson, et de Michel Bruce, prévenus d'avoir, de complicité, recélé le même condamné, sachant qu'il était condamné à la peine capitale, et d'avoir facilité et consommé son évasion, pour y être jugés conformément à la loi. Déclare, en conséquence, le procureur-général, que des pièces de l'instruction résultent les faits suivans :

Marie-Chamans Lavalette, traduit en jugement pour crime de haute trahison, avait été condamné à la peine capitale, par arrêt de la cour d'assises du département de la Seine, le 22 novembre dernier. Il s'était pourvu en cassation contre cet arrêt, et la cour de cassation ayant rejeté son pourvoi, l'arrêt de condamnation porté contre lui devait être mis à exécution le jeudi 21 décembre. La police avait donné ses ordres les plus précis pour que le condamné fut gardé en la maison de justice de Paris, dite de la Conciergerie, où il était détenu, avec toutes les précautions d'usage; et depuis le rejet du pourvoi, le préfet de police avait mandé Jean-Baptiste Roquette de Kerguidu père, greffier-concierge de cette maison, pour lui recommander de redoubler de surveillance, ajoutant que dans le cas même où l'on se présenterait à la Conciergerie avec une permission signée de sa main, pour communiquer avec Lavalette, le concierge ne devait y avoir aucun égard, nul ne pouvant plus voir le condamné que sur un ordre émané du procureur-général.

Lavalette, à qui le concierge fit part de ces nouveaux ordres, écrivit aussitôt au procureur-général pour le supplier de permettre qu'il communiquât avec sa femme et avec un petit nombre de personnes qu'il désignait. Le procureur-général ne crut pas devoir se refuser à cette demande; mais il exprima formellement, dans la permission, que les personnes désignées ne pourraient voir Lavalette que successivement et l'une après l'autre.

Néanmoins, le 20 décembre, veille du jour fixé pour l'exécution de l'arrêt rendu contre Lavalette, vers trois heures de l'après-midi, l'épouse et la fille du condamné, accompagnées de la veuve Dutoit, âgée de soixante-dix ans, et attachée au service de la demoiselle Lavalette, furent introduites en même temps par le concierge Roquette à la maison de justice et dans la chambre de Lavalette, quoique le nom de la demoiselle Lavalette et celui de la dame veuve Dutoit ne fussent pas compris dans la liste arrêtée par le procureur-général.

La dame Lavalette s'était fait transporter à la Conciergerie dans une chaise à porteurs, servie par le nommé Guérin, dit Marengo, son porteur ordinaire, et par le nommé Brigant, commissionnaire choisi ce jour-là par Guérin, pour remplacer un nommé Laporte, qui faisait habituellement ce service avec lui, et qui se trouvait malade. Les porteurs étaient dans l'usage de conduire la dame Lavalette jusque dans la cour de la Conciergerie; mais le 20 décembre elle descendit dans la cour du Palais, et s'achemina à pied vers la grille de la Conciergerie, Benoît Bonneville, son valet de chambre, ayant dit aux porteurs de s'arrêter, que madame se trouvait assez forte pour achever, à pied, le trajet qui lui restait à faire. La chaise fut rangée par ceux-ci vers le mur du Palais de Justice. On en retira un coussin recouvert en taffetas vert, et un paquet assez volumineux, de forme irrégulière, qui paraissait renfermer des bouteilles de vin. Ce paquet, ainsi que le coussin et un sac d'ouvrage que portait la dame Lavalette, furent reçus dans la prison, et parvinrent dans la chambre de Lavalette sans avoir subi l'examen préalable prescrit, en pareil cas, par les règlemens sur la police des prisons.

La dame Lavalette, en arrivant à la Conciergerie, était vêtue d'une robe ou redingote de mérinos rouge, garnie de fourrure, et avait sur la tête un chapeau noir à plumes mélangées; elle entra avec sa fille et la dame Dutoit, dans la chambre de son mari, et le valet de chambre Benoît demeura dans la première pièce, dite l'avant-greffe; on le vit près du poêle pendant plus de deux heures.

Les porteurs avaient été reçus dans le corps-de-garde de la gendarmerie.

A cinq heures, le nommé Jacques Eberle, l'un des guichetiers de la Conciergerie, qui avait été spécialement préposé par le concierge à la garde et au service de Lavalette, lui servit un dîner qui fut partagé par la dame et la demoiselle Lavalette, et par la veuve Dutoit.

Après le dîner, qui dura une heure, Eberle servit le café qu'il avait été chercher au café dans la cour du Palais, et quitta l'appartement de Lavalette avec ordre, dit-il, de n'y revenir qu'on n'eût sonné. Roquette fils soutient, au contraire, qu'en quittant la chambre de Lavalette, Eberle dit qu'il venait de recevoir l'ordre de ne pas attendre qu'on le sonnât pour retourner dans l'appartement.

Cependant Benoît, qui était dans le secret de ce qui se passait et qui s'y préparait, et qui voyait approcher l'heure du dénouement, avait quitté l'avant-greffe pour s'assurer des porteurs. Il les trouva au corps-de-garde, et les invita à venir boire avec lui : Guérin ne se fit pas prier, mais Brigant ne bougeait pas : (*Allons donc ; lui dit* Benoît, *approchez-vous donc, vous ne serez pas de trop*) Brigant se laissa persuader, et sortit avec son camarade. Chemin faisant, Benoît leur dit : *Camarades, il y a vingt-cinq louis à gagner ; vous serez un peu plus chargés, et il faudra aller un peu plus vite, et vous n'aurez pas plus de dix pas à faire. C'est donc M. Lavalette que nous allons porter ?* répond Brigant. *Cela ne vous regarde pas, allez *toujours*. Brigant rejeta sa proposition ; Benoît insiste et lui répète plusieurs fois : *Tu n'es pas un homme.* Guérin, l'autre porteur, se joignit à Benoît, et disait à Brigant : « Qu'est-ce que cela fait ? dès que monsieur » assure qu'il n'y a rien à craindre ! » Brigant voulait absolument savoir qui l'on devait porter, « Benoît et Gué- » rin lui représentant toujours que cela était indifférent » puisqu'il n'y avait rien à craindre ; qu'il fallait gagner » de l'argent quand on en trouvait l'occasion. » En- fin Brigant, poussé à bout et venant à se représenter quelle pouvait être pour lui et sa famille la suite de sa condescendance, jette sa bricole que Guérin lui avait donnée, et, sans rentrer chez le marchand de vin, s'em- presse de regagner son domicile, où il raconte à sa femme ce qui venait de se passer.

Guérin ne perd pas de temps ; il jette les yeux sur un charbonnier, qui était à boire avec deux de ses camarades chez le marchand de vin ; il lui propose la bricole, Benoît l'en affuble et ils partent aussitôt ; il était à ce moment sept heures.

Arrivés dans la cour du Palais, au bord de l'escalier qui descend à la Conciergerie, ils trouvèrent la chaise à porteurs dont l'entrée regardait la prison. Chopy (c'est le nom du charbonnier qui avait remplacé Brigant) ne vit personne entrer dans cette chaise : on lui assigna la place de derrière ; Guérin prit celle de devant, tourna vers la grille du Palais, et, après l'avoir dépassée, prit à droite, et suivit la rue de la *Barillerie.*

Pendant que Benoît et Guérin étaient occupés au- dehors, une scène d'un autre genre se passait à la Conciergerie. Peu de temps après le café et vers sept heures environ, un coup de sonnette parti de la chambre de Lavalette avertit le concierge que son prisonnier demandait quelqu'un. Roquette père se trouvait, en ce moment, avec Éberle, auprès du poêle dans l'avant-greffe ; il donne à Éberle l'ordre de se rendre dans la chambre de Lavalette. Il entend le guichetier ouvrir la porte du couloir qui mène à cette chambre, et, comme il s'avançait pour savoir ce qu'on désirait chez Lavalette, il vit paraître trois personnes vêtues en femmes, qui étaient suivies d'Éberle, et qui arrivaient de front dans l'avant-greffe.

La personne qu'il prit pour la dame Lavalette était vêtue d'une jupe noire, d'une robe de mérinos rouge, garnie de fourrure. Elle avait des gants blancs, une collerette sur les épaules, et sur la tête un chapeau noir à plumes mélangées ; en un mot, elle avait exactement pris le costume sous lequel la dame Lavalette avait été introduite quelques heures auparavant dans la chambre de son mari. Un mouchoir blanc couvrait le visage de cette personne, qui avait l'air de sangloter ; et la demoiselle Lavalette, qui marchait à ses côtés, poussait des cris lamentables : tout offrait, dans cette scène de roman, le spectacle d'une famille livrée au déchirement d'un dernier adieu. Le concierge, attendri et trompé par ce déguisement et par la lueur incertaine de deux lampes qui l'éclairaient, ne se sentit pas, dit-il, la force de soulever le mouchoir qui lui cachait les traits de la personne déguisée, et, négligeant de remplir ce devoir pénible, mais indispensable, il présenta la main à cette personne comme il était dans l'usage de la présenter à la dame Lavalette, et la conduisit, ainsi que ses deux compagnes, jusque derrière le guichet.

Alors Éberle reprit le devant, et courut appeler Benoît, qui arrivait avec les porteurs. Lavalette, sous les habits de sa femme, était déjà dans la chaise, qui s'achemina aussitôt suivie par Benoît, par la demoiselle Lavalette et par la veuve Dutoit. Éberle, ayant aperçu en ce moment un autre guichetier, nommé Bodiscar, l'emmena boire l'eau-de-vie, en lui disant : *C'est singulier, ces trois êtres-là* ne me parlent pas! La chaise et sa suite marchèrent, suivant la version de Benoît, de Guérin et de la demoiselle Lavalette, jusqu'au milieu de la rue de la Barillerie, et, suivant le porteur Chopy, dont le témoignage est moins suspect, jusque sur le quai des Orfévres, à trois ou quatre maisons en avant de la rue Sainte-Anne, où la chaise s'étant arrêtée par l'ordre de Benoît, elle s'ouvrit. Lavalette en sortit, disparut, et fut remplacé par la demoiselle Lavalette ; Benoît donna aussitôt l'ordre de tourner vers l'Abbaye-aux-Bois.

Cependant le concierge entre une première fois dans la chambre de Lavalette : il n'y voit personne, mais il entend quelqu'un remuer derrière le paravent; il revient une seconde fois et appelle, on ne répond pas ; il s'inquiète, s'avance vers le paravent, et, reconnaissant la dame Lavalette, il s'écrie : « Ah! madame, » vous m'avez trompé! » Il veut sortir pour donner l'alarme ; la dame Lavalette s'attache à lui, le retient par la manche de son habit : « Attendez, Monsieur » Roquette, attendez! — Non, madame, cela est af-

Ah! Madame! qu'avez-vous fait ?
Vous m'avez perdu !!!

Extrait du Journal des Débats, 22 Décembre 1815.

» freux. » On se débat, l'habit se déchire. Roquette sort en appelant du secours, et apprend à son fils l'évasion du prisonnier.

Roquette fils s'élance hors de la Conciergerie ; il rencontre à la grille du palais Éberle qui venait de boire l'eau-de-vie avec Bodiscar ; il lui donne ordre de suivre la chaise par la rue de la Barillerie, en lui annonçant qu'il va prendre par la rue de Jérusalem pour gagner le devant et couper le chemin aux porteurs, et qu'ils se rejoindront au bout de la rue de Jérusalem. Roquette fils suit en effet la rue de Jérusalem, et, au débouché de cette rue, il atteint la chaise et l'arrête ; mais il n'y trouve que la demoiselle Lavalette, et revient en toute hâte à la Conciergerie.

A peine avait-il quitté la chaise que Benoît, qui suivait toujours les porteurs, leur dit : « Il est bien » heureux que cela ait tourné ainsi ! » Quant à Éberle, au lieu d'exécuter l'ordre qu'il avait reçu de Roquette fils, et de suivre la chaise par la rue de la Barillerie, il était rentré à la prison et s'était rendu à la chambre de Lavalette, sous le prétexte de s'assurer si le prisonnier s'était réellement évadé, et, en sortant, il avait dit à ses camarades, avec une affectation qui ressemble à une plaisanterie : « Il y a toujours quelqu'un d'en-» fermé dans la chambre, et celle qui y est n'en sor-» tira pas sans ordre. » Il fut arrêté dès ce moment ; et deux heures après, comme il disait, en parlant de l'évasion, qu'il était bien facile de reconnaître le déguisement de Lavalette, parce que sa femme était plus grande que lui de la moitié de la tête, Roquette fils lui demanda pourquoi il n'avait pas fait cette réflexion au moment où elle pouvait être utile ; il répondit : « Le chef étant là, ça ne me regardait » pas. »

L'instruction établit qu'Éberle, attaché au service de Lavalette, comme il avait été précédemment à celui du maréchal Ney, avait reçu de ces prisonniers diverses sommes d'argent à titre de gratification. Éberle ne fait monter qu'à 100 francs ce qu'il avait reçu de Lavalette ; mais, le jour même de l'évasion, il a été fait une perquisition à son domicile, et l'on y a trouvé une somme de 1700 francs, que sa femme avait d'abord cherché à soustraire à la connaissance de la police ; d'où l'on a pu douter si la majeure partie de cette somme ne provenait pas des libéralités de Lavalette. On a rattaché à la même idée cette particularité, que, le soir du 20 décembre, et comme il était déjà gardé à vue, Éberle a voulu sortir deux fois de la Conciergerie ; et qu'en ayant été empêché par un porte-clef, il manifesta un vif désir d'écrire à sa femme et d'envoyer sa lettre par une fille de service appelée Fanchette, ce à quoi le porte-clef et Fanchette se refusèrent encore.

Dans un interrogatoire subi le même jour, Éberle avait assuré qu'à sept heures, lorsque Lavalette le sonna, il avait reçu de Lavalette lui-même l'ordre de prévenir Benoît de faire avancer la chaise, parce que les dames allaient sortir, et qu'en ce moment Lavalette était encore vêtu, comme le matin, d'un pantalon de drap bleu, d'un gilet rayé fond jaune, et d'une redingote couleur puce; et il ajoutait qu'étant sorti aussitôt pour prévenir le concierge et pour s'acquitter de la commission qu'il venait de recevoir, il avait trouvé Roquette père dans l'avant-greffe, et qu'au même moment il avait vu les trois dames au milieu du guichet entre le poêle et la porte de l'avant-greffe.

On lui objecta qu'il n'avait pu voir Lavalette, encore vêtu de ses habits, lorsqu'il a été prendre l'ordre du départ, puisque, d'après sa propre déclaration, les trois personnes vêtues en femmes, parmi lesquelles se trouvait Lavalette, ont quitté la chambre aussitôt que lui; ce qui excluait la possibilité du déguisement dont s'est servi Lavalette, à moins de supposer que ce déguisement eût été opéré d'avance; et l'on induirait de ce raisonnement la conséquence naturelle que Éberle avait vu dans la chambre Lavalette vêtu en femme, et qu'ayant dissimulé cette circonstance, il était nécessairement dans le secret de l'évasion.

A cette objection, Eberle répondit que les trois femmes étaient près de la cheminée; qu'il y avait quatre personnes dans la chambre lorsqu'il s'y présenta, et qu'il n'a pas fait attention si parmi elles il y avait quelqu'un de déguisé.

Dans un second interrogatoire, Éberle n'affirme plus qu'il a vu Lavalette sous les habits d'homme, lorsqu'il est allé prendre l'ordre du départ; il s'était arrêté sur le seuil de la porte, et il ne sait s'il doit attribuer sa première déclaration à l'habitude qu'il avait de voir Lavalette, ou à la certitude même de l'avoir vu en ce moment; mais il lui reste la conviction bien intime qu'il regardait

Lavalette pendant que celui-ci lui donnait des ordres, et que c'était Lavalette lui-même qui lui adressait la parole assis au milieu des trois dames, et vêtu comme à son ordinaire.

Interrogé une troisième fois, on lui demande comment il a pu, d'après les ordres sévères qui lui avaient été donnés peu d'heures auparavant, laisser, en quittant la chambre du prisonnier, trois portes ouvertes, et trois portes dont la garde lui était confiée ? Il répond qu'il n'était pas dans l'usage de les fermer.

Au dernier interrogatoire, on lui oppose une déclaration de Roquette père, de laquelle il résulterait que les trois personnes parurent à la porte de l'avant-greffe aussitôt que lui, Eberle, eut ouvert la porte du couloir ; d'où il s'ensuivrait qu'il n'a pas mis le pied dans le couloir, et encore moins dans la chambre de Lavalette. Il répond que *cela est faux*. Interrogé sur les causes d'où lui provenaient les 1700 fr. trouvés en son domicile, il indique une succession de 5 à 600 francs, recueillie, il y a quatre ans, du chef de sa famille ; plus les bénéfices que sa femme a pu faire dans le commerce auquel elle se livre depuis la même époque ; enfin ses gages de guichetier, et environ 3oo francs de gratification qu'il a reçus, tant de Lavalette que du maréchal Ney. Interpellé de s'expliquer sur la conduite étrange qu'il a tenue le 20 décembre au soir, après avoir reçu de Roquette fils l'injonction formelle de se mettre à la poursuite de la chaise par la rue de la Barillerie jusqu'au bout de la rue de Jérusalem, il a avoué qu'il était rentré presque aussitôt à la Conciergerie ; mais il a

prétendu qu'il avait été arrêté en chemin , ou par Roquette fils lui-même, ou par une autre personne , qu'il
croit être un nommé Louis, et *qui lui a dit que Lavalette était sauvé* ; qu'à cette nouvelle, il a pensé
qu'il était inutile de courir davantage après la chaise ,
et que, d'ailleurs , il lui tardait de retourner dans la
chambre de Lavalette , d'où il n'avait vu sortir que trois
personnes , et où il présumait que Lavalette était encore, malgré l'assurance qu'on lui donnait du contraire.
Enfin , sommé de déclarer s'il a dit, le soir même de
l'évasion de Lavalette, qu'il était bien facile de reconnaître le travestissement de Lavalette, puisque sa femme
était plus grande que lui de la moitié de la tête, il avoue
le propos; mais il en donne cette explication , que la
différence de la taille devait trahir Lavalette , si l'on eût
eu le moindre soupçon de son déguisement ; il ne nie
pas non plus la réponse à Roquette fils , que ce n'était
pas à lui guichetier de surveiller un prisonnier quand
le chef était là ; mais il prétend qu'il a voulu dire qu'il
s'occupait moins des personnes qui sortaient de la
Conciergerie quand le concierge était avec elles.

À Roquette père, concierge de la maison de justice ,
a cherché , dans ses interrogatoires , à repousser d'abord
les soupçons de connivence qui auraient pu s'élever
contre lui , et il y a réussi aisément , l'instruction au
procès ne fournissant à cet égard aucune charge de
nature à le rendre suspect. Ensuite, il a essayé de se
défendre du reproche de négligence ; et , tout en
convenant qu'il avait reçu , depuis le rejet du pourvoi
de Lavalette, les ordres les plus sévères de surveiller

ce prisonnier, et que le 20 décembre, entre quatre et cinq heures du soir, il avait été averti par l'avocat-général que l'exécution de Lavalette était fixée au lendemain, il a prétendu se disculper en disant que les démarches du marquis de Carvoisin auprès de Lavalette, pour le déterminer à avoir recours aux consolations de la religion, et la manière dont Lavalette avait accueilli les conseils de cet homme respectable, ne lui permettaient de voir, dans son prisonnier, qu'un homme entièrement résigné, et avaient écarté de son esprit tout espèce de soupçon.

Cependant, il rapporte que le jour même de l'évasion, et une heure et demie auparavant, la dame Lavalette vint le trouver au greffe, sous prétexte de lui demander du papier pour écrire un mot, et qu'ayant lié conversation avec lui, elle lui parla beaucoup de la position de son mari, des espérances fondées qu'elle croyait avoir d'obtenir sa grâce, et termina en lui disant : « Si ce- » pendant la chose tournait différemment, pourrais-je » compter sur vos bontés ? » Qu'il répondit : « Je ferai, » pour vous obliger, madame, tout ce qui dépendra de » moi, et qui ne sera pas contraire à mes devoirs. » A quoi la dame Lavalette ajouta : « Hé bien, monsieur » Roquette, nous en parlerons demain ou après. » Et, pour éviter toute explication ultérieure, lui, Roquette, interrompit la conversation, et reconduisit la dame Lavalette jusqu'à la porte de la chambre de son mari ; mais il assure qu'il n'avait d'abord interprété ce discours de la dame Lavalette, que comme une invitation de se prêter aux desseins de dévotion de M. de Carvoisin ;

et que ce n'est que depuis l'événement et à l'aide de la réflexion, qu'il a conçu des soupçons sur leur sens possible; qu'au surplus, il affirme que jamais il n'avait pris autant de précautions que ce jour-là; qu'il ayait recommandé à Eberle de ne laisser sortir personne sans l'avertir, et qu'en outre il avait consigné le nommé Thuillier au guichet, avec défense de laisser entrer ni sortir personne; mais il avoue qu'il ne s'est point opposé à ce qu'Eberle reçût les dons de M. de Lavalette. Eberle avait soutenu qu'aux coups de sonnette partis de la chambre du prisonnier, il s'était rendu de son propre mouvement dans cette chambre, et qu'il était ensuite revenu prévenir le concierge que les dames allaient sortir. Roquette père dit que cela est faux; que c'est lui, concierge, qui, ayant entendu sonner dans la chambre de Lavalette, a donné à Eberle l'ordre de s'y rendre, et que celui-ci avait à peine ouvert la porte du couloir, que les dames parurent. Roquette ajoute qu'Eberle a pu facilement s'aboucher avec Benoît qui était resté près du poêle dans l'avant-greffe; et il donne comme certain, ou du moins très-vraisemblable, qu'Eberle, qui avait la libre entrée dans la chambre de Lavalette, y a fait une apparition d'un demi-quart d'heure ou une demi-heure avant le fatal coup de sonnette.

Revenant à ce qui lui est personnel, et répondant à cette objection que, d'après les ordres du préfet de police, il est inconcevable qu'il ait donné l'entrée de la Conciergerie et de la chambre de Lavalette à la demoiselle Lavalette et à la veuve Dutoit, qui ne se trouvaient point comprises dans la permission du procureur-général, et cela précisément le jour où le procureur-général lui donnait avis de la prochaine exécution du condamné, et qu'il ait ainsi ouvert une libre communication entre Lavalette et les personnes qui ont favorisé sa fuite, Roquette se borne à dire qu'il ne voyait aucun danger à laisser une jeune personne de treize ans accompagner sa mère dans la chambre du prisonnier, et qu'il ne se défiait pas davantage de la veuve Dutoit, âgée de soixante-dix ans, qui ne quittait pas la D^{lle}. Lavalette; ajoutant qu'il avait toujours regardé le défaut de mention de ces deux personnes dans le permis du procureur-général, plutôt comme une omission de ce magistrat que comme une défense positive; parce que le 20 décembre la dame Lavalette et la veuve Dutoit étoient déjà entrées dans la chambre de Lavalette, lorsque l'avocat-général vint lui donner avis que l'exécution du condamné aurait lieu le lendemain.

Benoît Bonneville, valet de chambre de Lavalette, a nié ou déguisé dans les interrogatoires les faits les mieux établis par l'instruction. Si on veut l'en croire, il ignorait entièrement le projet de l'évasion, lorsque le 20 décembre il a accompagné la dame Lavalette à la Conciergerie. Il n'a eu aucun rapport avec Éberle : s'il est sorti quelque temps avant sept heures pour aller chez le marchand de vin, c'est qu'il s'ennuyait auprès du poêle de l'avant-greffe. Il n'a point proposé de récompenses aux porteurs pour favoriser la fuite de son maître; il n'a point tenu à Brigant ni à Guérin aucun des discours rapportés par Brigant : toutes les fois qu'il est en contradiction avec Guérin, c'est Guérin qui s'est trompé.

S'il est allé chercher les porteurs, c'est qu'il avait entendu la guichetière les demander. Il ne sait comment la chaise s'est ouverte au moment où Lavalette est descendu pour faire place à sa fille. A la manière brusque dont on quittait la chaise, il a bien eu le soupçon que la personne vêtue des habits de madame Lavalette, n'étoit pas une femme.

Quand la demoiselle Lavalette a été dans la chaise, il n'a donné ordre de tourner vers l'Abbaye-aux-Bois, que parce qu'il venait de recevoir cet ordre de sa jeune maîtresse ; enfin quand le fils du concierge eut atteint la chaise et a reconnu la demoiselle Lavalette, il a bien pu dire qu'il était heureux que les choses eussent tourné ainsi ; car, en ce moment, il n'avait plus de doute sur l'évasion de son maître. Il nie aussi qu'en restant à l'hôtel il ait dit à ses camarades que madame Lavalette revenait en voiture.

Guérin, dit Marengo, a suivi à peu près le même système. Il avait d'abord nié, de la manière la plus formelle, que depuis la Conciergerie la chaise eût été exposée jusqu'à l'endroit où elle fut arrêtée par le fils du concierge. Puis, en présence de Benoît, il a été obligé de convenir qu'il l'avait posée dans la rue de la Barillerie ; mais il a soutenu qu'il n'avait vu personne en sortir ni y entrer.

Il n'avait pas eu, dans le premier moment, l'idée de rejeter sur l'ivresse où il était, le 20 décembre, l'inconvenance de ses réponses ; cette idée lui est venue le lendemain, et il l'a reproduite dans les interrogatoires qu'il a subis depuis. Il sait, mais confusément, qu'il a posé la chaise un instant dans la rue de la Barillerie ; il ne se rappelle pas s'il en avait reçu l'ordre, ou s'il y a été contraint par l'embarras des voitures : ces voitures fixaient toute son attention, ce qui l'empêcha de se retourner et de voir qu'on sortait de la chaise. Il ne s'est point aperçu de la différence de poids après que la demoiselle Lavalette eut remplacé son père dans la chaise, parce que cette différence ne peut pas être assez sensible pour être aperçue au premier moment, et qu'il se passa très-peu de temps entre la première pose de la chaise et l'instant où elle fut arrêtée par le fils du concierge. On lui objecte, qu'occupant le brancard de devant, la chaise ne pouvait s'ouvrir sans que la porte, en le touchant, ne vînt l'avertir de ce qui se passait derrière lui ; et l'on ajoute que la demoiselle Lavalette, ayant passé par l'extrémité du brancard pour entrer dans la chaise, il est impossible qu'il ne l'ait pas vue ; il a répondu à la première objection que probablement la chaise n'aura été qu'entr'ouverte ; à la seconde, que mademoiselle Lavalette aura passé par-dessus le brancard, puisqu'il ne l'a pas vue, lui qui n'est pas sorti de son brancard. Sommé de déclarer si Brigant, qui avait été son second ce jour-là, et qui devait finir avec lui le reste de la journée, ne s'est pas refusé à sortir la chaise de la Conciergerie, et pourquoi il a fait ce refus. Il a d'abord répondu que Brigant s'était plaint d'une douleur aux reins ; mais sur l'observation que Brigant était bien disposé à porter la chaise, puisqu'il l'attendait depuis

près de cinq heures, et qu'il avait commencé à la ran-
ger près la guérite des factionnaires ; Guérin dit que
cela est vrai ; mais que Brigant, voyant le retard que
la dame Lavalette apportait à son retour, et entendant
Benoît parler de doubler le pas, s'était effrayé et avait
disparu.

Guérin a nié que Benoît et lui eussent fait des pro-
positions à Brigant, pour l'engager, à prix d'argent,
dans le complot de l'évasion. Il avoue seulement qu'il a
fait des instances à Brigant pour le déterminer à ne pas
quitter la chaise, et qu'il lui a dit : Pourquoi ne le voulez-vous pas, puisqu'il n'y a rien à craindre ? il faut gagner de l'argent quand on en trouve l'occasion ; mais il
déclara également qu'il lui a tenu ce discours, persuadé
qu'il ne s'agissait que de porter madame Lavalette.

On lui observe que ses réponses se trouvent en contradiction avec les déclarations de deux témoins infi-
niment graves ; de Brigant, dont la conduite est celle
d'un honnête homme ; et de Chopy, qui n'a aucun intérêt de déguiser la vérité : il persiste dans son système.

La dame Lavalette et la veuve Dutoit avaient été
mises en prévention, et elles ont été interrogées. La
dame Dutoit s'est tenue dans les termes d'une négative
invincible ; et l'on voit, par ses réponses, qu'elle
craint de trahir son maître en compromettant les coopérateurs de l'évasion.

La dame Lavalette est allée plus loin ; elle a prétendu
se justifier, en imputant à elle seule le plan, la conduite et l'exécution de l'entreprise ; et la fertilité de son
esprit lui fournit, pour s'excuser, plus de ressources

que l'innocence même n'en trouverait pour se défendre.

Elle n'a point essayé de corrompre, par des largesses,
le concierge ni le geôlier : ce moyen était trop dangereux pour qu'elle risquât de l'employer.

M. Lavalette lui avait souvent parlé d'Éberle,
comme d'un homme dont l'intelligence était extrême-
ment bornée; et cette raison seule eût suffi pour qu'elle
ne s'adressât pas à lui.

Elle n'avait pas même communiqué son projet à
Benoît ni à la veuve Dutoit, quoiqu'ils l'accompa-
gnassent à la Conciergerie; elle n'était pas assez sûre de
leur discrétion. Se fier à eux, était s'exposer à un danger au moins probable : tout attendre de l'audace lui
parut le meilleur parti; elle s'y arrêta.

Un moment avant l'exécution de son plan, son mari
voulait qu'elle essayât au moins de pressentir la bonne
volonté des personnes préposées à sa garde. Elle s'y refusa formellement, et lui remontra le danger d'une pareille imprudence.

Depuis quelques jours elle roulait vaguement l'idée
du plan qu'elle a mis en usage; mais elle ne s'y est
fixée qu'après avoir vu s'évanouir l'espérance qu'elle
avait toujours fondée sur la clémence du roi.

Elle prit dès-lors toutes les mesures propres à favoriser l'évasion de son mari, et à assurer sa conservation. Elle se rappelle positivement que son mari était
encore sous ses habits d'homme, lorsqu'on fit venir
Éberle pour lui donner l'ordre de faire avancer les
porteurs; et c'est elle qui en avait donné le conseil,

afin que, la chaise étant disposée, son mari n'éprouvât pas de retard, et qu'Eberle, le quittant en habit d'homme, fût moins porté à soupçonner son déguisement un instant après. Elle n'a pas introduit de paquet à la Conciergerie; elle avait seulement apporté dans son sac, et à l'insu de ses gens, une jupe noire et un bonnet; elle a habillé son mari avec les mêmes vêtemens sous lesquels elle était arrivée, elle a pressé le départ, parce qu'elle avait remarqué précédemment que c'était l'heure où son mari ne trouverait pas le concierge sur son passage.

Elle ne sait ce qui s'est passé depuis. Elle se rappelle seulement qu'à l'instant où le concierge s'est aperçu de l'évasion de son mari, elle a fait tous ses efforts pour l'arrêter et pour le retenir par la manche de son habit; l'habit s'est déchiré.

La demoiselle Lavalette a aussi été entendue. Elle s'est tenue dans la même ligne que sa mère; ses efforts, comme ceux de la dame Lavalette, paraissent avoir eu pour but principal la justification d'Eberle. Mais elles tombent l'une et l'autre dans une contradiction majeure avec cet accusé, en assurant qu'il a fait deux apparitions dans la chambre de Lavalette, immédiatement avant l'évasion, tandis qu'Eberle nie, de la manière la plus positive, qu'il y soit allé plus d'une fois. L'instruction était terminée, et il allait être passé outre, lorsque de nouveaux faits, étroitement liés à l'évasion de Lavalette, et qui peuvent être considérés comme une dépendance même de cette évasion, sont venus donner lieu à de nouvelles poursuites. Lavalette, en sortant de la Conciergerie, s'était pourvu d'une retraite qui l'a dérobé plus de quinze jours à la surveillance de la police. Mais il sentit bientôt qu'il n'échapperait aux recherches dont il était l'objet, qu'en mettant entre la police et lui les barrières de la capitale et la frontière de la France.

Le pas était glissant : il fallait trouver des guides habiles, de confiance et d'un zèle à toute épreuve. Il ne les choisit point parmi les personnes que les liens du sang, l'amitié ou la reconnaissance unissaient à sa famille. Il se promit une assistance plus active de l'esprit de parti, et c'est parmi les ennemis du Roi qu'il chercha des libérateurs.

Il se trouvait alors à Paris une foule d'étrangers, et parmi eux quelques hommes imbus de cette doctrine artificieuse qui agite l'Europe depuis un demi-siècle, et qui a produit des fruits si amers en France ; ennemis par principes de toute idée d'ordre et de légitimité ; ennemis du pouvoir des rois et du repos des peuples ; ennemis de la justice, qui est la base de l'une et de l'autre ; de pareils hommes, en guerre avec leur propre gouvernement, ne peuvent respecter le nôtre. Aussi se montrent-ils censeurs impitoyables, ou plutôt détracteurs acharnés de toutes les mesures que la justice et le bien de l'état dictent au gouvernement du Roi.

Ils ne dissimulaient pas leur haine pour la dynastie des Bourbons, encore moins l'espérance de voir de nouvelles tempêtes agiter l'Europe ; et, pour coopérer au grand œuvre de l'usurpation générale, ils commençaient par faire leurs champions de tous les grands coupables poursuivis en France, et leurs complices de tous les factieux de tous les pays. Entre eux se distinguaient Michel Bruce, gentilhomme anglais, qui s'était déjà signalé par son zèle ardent pour le maréchal Ney, et Robert-Thomas Wilson, officier général major anglais en non activité, qui avait montré la même prédilection pour le maréchal, et qui depuis avait reporté tout son intérêt sur Lavalette; parce qu'il paraît que c'est un système bien arrêté, entre certains hommes, de protéger, de recueillir avec soin, et de conserver précieusement tous les instrumens du crime et du désordre. C'est à la protection de ces étrangers que Lavalette eut recours. L'instruction ne fournit pas de détails sur les relations préliminaires qui ont eu lieu entre Lavalette et Bruce, celui des accusés qui paraît avoir été dans le secret de sa retraite; mais elle nous fait voir Bruce concevant le projet de conduire Lavalette hors de France, et n'osant prendre sur lui l'exécution de ce projet, dans la crainte d'attirer sur son protégé les regards de la police, déjà fixés sur ses propres démarches. Elle nous le montre cherchant des coopérateurs dans le parti des indépendans, et s'associant d'abord avec Hutchinson, puis avec Wilson, qui devint le chef et la cheville ouvrière de ce complot.

Il paraît d'abord que Hutchinson, capitaine anglais, et Ellister, autre officier anglais, qu'on crut aussi devoir mettre dans le secret, avaient été précédemment engagés dans une affaire de cette nature, et que Ellister eût joué le principal rôle dans celle-ci, s'il eût pu obtenir la permission de quitter son régiment.

Wilson se chargea donc de l'exécution. C'était le 5 janvier que Bruce avait fait à cet officier la première ouverture de son projet; et les bases en furent discutées et arrêtées presque aussitôt. Il faut laisser parler ici Wilson lui-même, dans la relation secrète et confidentielle qu'il donne de son entreprise à un de ses amis d'Angleterre. Il fut arrêté, dit-il, que le fugitif porterait l'uniforme anglais; que je le conduirais hors des barrières dans un cabriolet anglais, portant moi-même l'uniforme; que j'aurais un cheval de relai à la Chapelle, et me dirigerais de là sur Compiègue, où Ellister se rendrait avec ma voiture, dans laquelle je monterais ensuite avec Lavalette, pour gagner Mons par Cambrai. Je n'eus point de difficulté à me procurer auprès de lord Stuart, sur ma demande et sur ma responsabilité, des passe-ports pour le général Wallis et le colonel Loneska, que nous avons choisis, parce qu'ils ne sont pas précédés de prénoms. Ces passe-ports furent contre-signés par le ministre des affaires étrangères; mais, lorsqu'on les présenta à la signature, un des secrétaires demanda à Hutchinson, quel était ce colonel Loneska; il répondit aussitôt : c'est le frère de l'amiral.

Cet objet rempli, Ellister prit le passe-port du colonel Loneska, et se procura des chevaux de poste, pour la voiture; et afin d'éviter tout soupçon, il prit un appartement et une remise à l'hôtel du Helder, sous le nom du colonel Loneska. Bruce apprit heureusement que la brigade du général Brisband était à Compiègue, et

que son aide-de-camp quitterait Paris le lendemain, 7
du mois, pour se rendre à Compiègne avec les chevaux.
et les bagages du général, qui était alors en Angleterre :
nous vîmes l'aide-de-camp chez Bruce, où nous lui
avions donné rendez-vous, et nous lui dîmes que des
circonstances très-particulières nous mettaient dans la
nécessité de passer par Compiègne, avec une personne
qui voulait rester inconnue. Nous avions besoin d'y
rester une heure ou deux dans un quartier retiré. Il répondit avec grâce qu'il s'en fiait entièrement à nous; que
son existence dépendait de la conservation de son état,
mais qu'il n'hésiterait jamais d'accéder à nos proposi-
tions, et surtout lorsqu'il savait que nous étions intéressés
dans l'affaire. J'avoue qu'il me répugnait d'impliquer
une pareille personne dans l'affaire. Mais la cause était
trop importante pour m'arrêter à cette considération,
et je conçus de l'espérance qu'un jour viendrait où il
me serait possible de reconnaître ses services. Bruce se
procura la mesure de Lavalette, et Hutchinson la donna
à un tailleur, comme étant celle d'un quartier-maître
de son régiment qui avait besoin d'une redingote, d'un
gilet et d'un pantalon, et qui en avait besoin de suite.
Le tailleur fit l'observation que c'était la mesure d'un
homme de haute taille, et dit qu'elle n'avait pas été prise
par un tailleur; son observation m'effraya au point que
je crus devoir renvoyer Hutchinson lui dire que le
quartier-maître ne pouvant pas attendre jusqu'au samedi
soir, il fallait que les habits fussent encaissés avec soin,
et qu'on les lui enverrait après son départ. Hutchinson
et Ellister prirent en outre toutes les précautions néces-

saires relativement aux chevaux, et furent se promener le jour précédent pour reconnaître les barrières.

Toutes les précautions prises pour éviter les accidens, il fut définitivement conclu que Lavalette se rendrait chez Hutchinson, le dimanche 7 janvier au soir, à neuf heures et demie précises; et que le lendemain, à sept heures et demie aussi précises, je me trouverais à la porte dans le cabriolet de Bruce, avec mon domestique, me suivant sur une jument bien équipée, comme si j'allais passer une inspection; que Hutchinson se tiendrait à côté du cabriolet, faisant la conversation avec nous; et que dans le cas où il surviendrait quelque embarras, Lavalette monterait sur son cheval et moi sur la jument, afin de pouvoir agir plus librement et gagner de vitesse. J'aurais certainement préféré passer les barrières à cheval; mais nous pensions qu'un chapeau à la française pouvait attirer l'attention, et que le passage de la barrière en plein jour, et dans un cabriolet découvert où l'on serait en évidence, annoncerait trop d'assurance pour donner lieu aux soupçons. Enfin, l'heure étant arrivée, Hutchinson, Ellister, Bruce et moi, nous nous réunîmes dans l'appartement de Hutchinson, sous le prétexte d'une partie de punch; et, aux momens où il devait offrir Lavalette à nos regards, Bruce s'avançant sur le haut de l'escalier, Lavalette le prit par la main, et nous vîmes devant lui et nous ce personnage intéressant. Il était revêtu d'un uniforme bleu, et assez bien déguisé pour passer sans être remarqué dans l'appartement d'un Anglais. L'ami qui le conduisait n'entra pas dans l'apparte-

ment; mais il remit à Hutchinson une paire de pistolets à deux coups pour Lavalette. Celui-ci d'abord parut très-ému ; mais nous ne lui permîmes pas de donner
cours aux sentimens de la reconnaissance, et, pendant quelques instans, Ellister et moi, nous nous re-
tirâmes et le laissâmes aux soins de Hutchinson et de
Bruce.

Le lendemain à sept heures et demie je me trouvai à
la porte de Hutchinson ; en cinq minutes j'étais monté
pour appeler Lavalette, et nous étions en route pour
gagner la barrière de Clichy. Nous rencontrâmes un
officier anglais qui parut surpris de voir un officier général qu'il ne connaissait pas ; mais mon domestique
évitait toute question : je passai la barrière d'un pas
modéré.

Les gendarmes nous regardèrent fixément ; mais la
présentation des armes mit à couvert son profil et son
salut. Quand nous eûmes franchi la barrière, Lavalette
pressa sa jambe contre la mienne ; et lorsque nous fûmes
hors d'observation, tout son visage parut rayonnant à
cette dernière faveur de la fortune.

Le chemin était couvert de toutes sortes de gens ;
mais lorsque nous rencontrions des diligences, j'enga-
geais la conversation bien haut en anglais, et je remar-
quais que mon chapeau garni d'un plumet blanc, et que
Lavalette tenait à la main, attirait les regards des voyageurs, et nous dérobait à la curiosité.

Lavalette a des traits si prononcés, et sa figure est
si bien connue des postillons et des maîtres de poste,
que la plus grande précaution était nécessaire.

A la Chapelle, où nous relayâmes, nous eûmes un moment d'alarme, à la vue de quatre gendarmes qui rôdaient auprès de nous.

Hutchinson, questionné par eux, nous en débarrassa, en leur répondant que nous allions choisir des cantonnemens pour une division anglaise.

Nous fûmes obligés de passer auprès d'autres gendarmes, qui avaient des affiches de signalement de Lavalette ; et c'est ici l'occasion de remarquer que ces affiches avaient été distribuées à presque tous les individus de France.

En approchant de Compiègne, j'aperçus quelques cheveux blancs qui sortaient de dessous la perruque de Lavalette : me trouvant heureusement avoir des ciseaux sur moi, je lui fis la toilette en chemin.

A l'entrée de Compiègne, nous trouvâmes le sergent, annoncé par le capitaine Franal, qui nous conduisit par la ville, dans un quartier très-heureusement choisi ; car nous ne fûmes point incommodés par les spectateurs des rues : personne ne nous vit entrer, excepté les soldats et domestiques anglais qui nous servirent ; et, tandis que nous attendions Ellister avec la voiture, M. F. nous offrit une collation.

Enfin à la nuit tombante, ainsi qu'il avait été convenu, Ellister arriva avec la voiture, qui était sortie de Paris par la barrière Saint-Denis, suivie jusqu'à la barrière par les gendarmes. Je fis allumer les lampes, autant pour assurer notre route, que pour montrer que nous étions tranquilles ; et, ayant pris congé de nos amis, nous nous mîmes en route, bien armés et bien décidés à faire résistance, si nous rencontrions quelques obstacles. Nous fûmes souvent questionnés au relais ; mais M. le colonel Loneska se tenait bien en arrière, et j'avais soin de bien couvrir la portière. *Une voiture anglaise et le général anglais* toujours dans la bouche de mon domestique et du postillon, étaient d'un très-bon effet. Je dois faire remarquer que nous ne prîmes que trois chevaux et un coureur, pensant que quatre montreraient trop d'impatience, ou au moins un trop grand besoin de célérité, et qu'il était bon d'ailleurs d'éviter les regards de l'homme qu'il aurait fallu prendre, et qui aurait pu être un argus pour nous. Nous n'éprouvâmes aucun retard jusqu'à Cambrai. Nous perdîmes trois heures aux portes, par la faute de la garde anglaise, qui, n'ayant point d'ordre pour appeler le portier, ne voulut pas se rendre à tout ce que nous pûmes lui dire : négligence qui déjà a eu de grands inconvéniens pour les communications du Gouvernement, et qui aurait pu nous être funeste.

En passant à Valenciennes, nous fûmes sévèrement examinés jusqu'à trois fois, et nos passe-ports furent portés au commandant.

Enfin nous subîmes un autre examen à quelque distance de là, et ce fut le dernier. Nous ne nous arrêtâmes qu'à *Mons*, où nous dînâmes, et prîmes des arrangemens pour le voyage ultérieur de Lavalette. J'écrivis plusieurs lettres, pour lui faciliter les moyens de parvenir à sa destination ; et, ayant pourvu à tout ce qui était nécessaire pour sa sûreté et sa satisfaction, je pris congé de lui, et m'en revins à Paris, hier soir, par la route de Maubeuge, Soissons, et la porte Saint-Martin, après une absence de soixante heures.

Voilà la traduction littérale de la dépêche de Wilson, dégagée des réflexions qui n'ont pas paru devoir trouver place dans ce récit.

Cette lettre, reconnue par Wilson, se trouve confirmée dans ses détails, par les documens de l'instruction. L'information et les interrogatoires de l'accusé sont venus expliquer plusieurs passages.

Il a été reconnu, par exemple, que l'uniforme anglais et le chapeau, qui ont servi au déguisement de Lavalette, avaient été empruntés, le 6 janvier, par Hutchinson, au sieur Robert Bruce, lieutenant de grenadiers dans la garde royale anglaise, et ne lui ont été rendus que le 10 du même mois. Hutchinson, en les demandant, avait dit à Bruce qu'il s'agissait de l'enlèvement d'une femme, sans s'expliquer sur le lieu où il voulait la conduire. Il a été établi que Lavalette avait opéré son déguisement dans l'appartement même de Hutchinson, où il était arrivé en habit français, et qu'il y a passé la nuit qui a précédé sa sortie de Paris; il paraît que c'est le 2 ou le 3 de janvier qu'a été faite, à Bruce, la première proposition de sauver Lavalette; et Bruce raconte à ce sujet qu'un inconnu lui apporta une lettre anonyme, dans laquelle, en exaltant la bonté de son caractère, on se décidait, par la confiance qu'il inspirait, à lui révéler un grand secret; on lui apprenait donc que Lavalette était encore à Paris, en ajoutant que lui seul pouvait le sauver, et qu'on le priait d'expliquer ses intentions à cet égard; qu'il ne donna pas une réponse sur-le-champ, mais qu'il promit de l'apporter dans un endroit qu'il désigna, et que l'honneur ne lui permet pas de nommer ; que la prudence l'empêcha de faire aucune question sur le nom de la personne qui lui écrivait, ou sur le lieu de la retraite de Lavalette, pensant que, dans une affaire de cette nature, on ne pouvait trop éviter l'indiscrétion. Le général Wilson, dit-il, ignorait tous ces détails ; c'est moi qui les lui appris ; c'est moi enfin qui l'engageai à réunir ses efforts aux miens en faveur de Lavalette ; et, s'il y a un coupable, c'est moi. Mes opinions politiques ont pu influer sur les sentimens que j'ai exprimés lors de la mise en jugement du maréchal Ney.

Je pensais cependant que la capitulation de Paris s'opposerait à ce qu'il fût jugé : quant à l'affaire de Lavalette, j'affirme que je n'ai été ému que par la commisération qu'il m'avait inspirée. Il y avait dans son évasion quelque chose de romanesque, et, pour ainsi dire, de miraculeux, qui avait frappé vivement mon imagination et excité dans mon cœur un puissant intérêt pour lui. Hutchinson fait les mêmes aveux, et exprime à peu près les mêmes sentimens ; comme Bruce, il se défend d'avoir eu l'idée de conspirer contre le gouvernement français ; il ne connaissait personne à Paris, et, s'il a coopéré à la fuite de Lavalette, c'est par le seul désir de sauver un malheureux.

Sir Robert-Thomas Wilson assigne à ses démarches un but plus relevé : il voulait laver le gouvernement de son pays de l'opprobre attaché à la violation de la capitulation de Paris ; il proteste qu'il n'est jamais entré dans ses vues de porter atteinte au gouvernement français : mais il avoue son opposition aux principes qui dirigent actuellement le gouvernement de son pays, et au système politique de l'Europe, ce qui n'est pas un crime pour un Anglais ; et il ajoute que la constitution de sa patrie, son indépendance et son bonheur, sont d'une bien autre considération à ses yeux, que le gouvernement français et le repos de l'Europe établi sur la ruine de l'Angleterre.

Mais, si l'on veut connaître les véritables sentimens de sir Robert Wilson, il faut les chercher dans la correspondance qu'il a tenue avec quelques particuliers de l'Angleterre ; correspondance dont les pièces émanées de lui, ou de sir Édouard Wilson, son frère, ont été produites à ses yeux, et reconnues par lui. On y verra ses principes à découvert, comment il sait respecter les lois de l'hospitalité ; ce qu'on doit penser de l'intérêt qu'il a pris au maréchal Ney, et les motifs qui l'ont porté à favoriser la fuite de Lavalette ; enfin à quelle source il faut reporter les bruits absurdes que la malveillance a fait courir en France depuis quelques mois.

Dans une première lettre écrite le 6 décembre 1815, par Robert-Thomas Wilson à Édouard Wilson son frère, on ne trouve pas seulement de ces rapports mensongers qui caractérisent un espionnage suivi ; mais on voit une haine invétérée contre le Roi de France et sa famille, et contre les gouvernemens qui ont coopéré à relever le trône des Bourbons : Wilson se flatte de l'idée que les affaires ont pris un cours tout-à-fait contre-révolutionnaire, sous la sanction de l'Autriche et de la Russie;

Que lord Wellington, voyant qu'il ne peut soutenir plus long-temps l'idole qu'il a élevée, commence à coopérer avec un parti dont le but est de renverser le gouvernement des Bourbons; que le détrônement des Bourbons était irrévocable, et qu'il faut s'attendre à voir les fonds publics en France au-dessous de cinquante francs avant six semaines; et il ajoute que chaque courrier apporte des nouvelles des progrès de l'esprit public en Allemagne.

Dans une seconde lettre, écrite le 28 décembre à un particulier de Londres, dont on s'étonne de voir figurer le nom dans une pareille correspondance, et qui désavouerait sans doute les sentimens de cet illuminé; Wilson suppose que tout annonce à Paris l'approche d'une crise; que tous les ministres étrangers sont convaincus que tout leur système ne peut tenir, et quoiqu'il ne les regarde pas, dit-il, comme des oracles, la publicité de leurs propos leur prête de l'importance. Ils osent accuser un prince, qu'on a nommé le meilleur des rois, de n'être pas sincère, et de se jouer de ses protestations de clémence. Puis, attaquant directement le gouvernement de son pays, il soutient que l'Angleterre doit se laver de l'opprobre attaché à son nom par les mesures que prend son gouvernement; qu'elle ne doit pas approuver si les dépositaires de ses pouvoirs ont abusé de sa confiance. Et voici les preuves qu'allègue Wilson; que la révolte éclatera d'abord dans les provinces éloignées; partout l'on s'occupe à fortifier cette idée, que tout dépendra de la marche que le gouvernement va suivre, et des explications du gouvernement anglais sur le traité ; qu'il en est beaucoup qui pensent que le gouvernement aimera mieux s'avouer coupable d'une clause obscure, que de compromettre, dans des débats publics, la cause des Bourbons, et celle de la légitimité en général ; que, bien qu'il y ait peu d'apparence que l'on puisse déjouer ce piége inique, il espère cependant que la tentative sera faite comme si l'on était assuré du succès ; que le coup qui éclatera se fera sentir à Paris d'une manière terrible, et qu'il espère que les peuples de l'Europe ne seront pas sourds à l'appel qui leur sera fait. Il regrette ensuite que les rédacteurs des deux Edimbourg n'aient pas un traducteur anglais-français pour leurs articles officiels ; il trouve que les copies manuscrites qui sont en circulation font du bien, mais non pas tout ce qu'on pourrait obtenir d'une insertion. Il propose l'établissement d'un journal politique français, dont l'existence dépendrait de la durée des Chambres ; et il insiste fortement sur l'importance d'une communication publique, destinée à donner aux discours publics tout le développement dont on les jugerait susceptibles. Il donne l'épithète de *maniaque légitime* à un ami qui refuse d'écouter ses malheureuses inspirations. Il témoigne l'intérêt le plus chaud pour tous les individus que le Roi s'est vu forcé d'excepter de sa clémence, et il termine par cette phrase : *Vous entendrez bientôt parler d'événemens extraordinaires en Allemagne.* Le barbe est en campagne.

La troisième pièce de cette correspondance est une lettre d'Edouard Wilson à Robert-Thomas Wilson, qui fait voir la conformité de principes et l'unité de sentimens qui existent entre les deux frères. Edouard se plaint d'abord de l'extrême faiblesse des deux hommes mis en liberté, et de ce que, les Bourbons n'ayant aucune force militaire dans les provinces, il y règne cependant une tranquillité, qui peut dégénérer en une adhésion positive aux vues des souverains. Il dit que si la nation française en général était fortement indisposée *contre les Bourbons*, on *en verrait* journellement *des démonstrations* ; que, si l'on se propose de renverser l'ordre actuel des choses, le feu devrait être toujours entretenu et toujours visible, comme un rayon d'alarme, en France et dans l'étranger; que les choses deviennent de jour en jour plus favorables à la cause de la souveraineté, de l'indépendance pour le peuple français ; mais qu'il est à craindre qu'on ne se refroidisse, et qu'on ne néglige des efforts, qui, bien employés, amèneraient nécessairement à une émancipation générale.

Passant aux moyens qui pourraient affaiblir l'attachement du plus grand nombre pour la cause des Bourbons, et insistant sur l'emploi de ces moyens, Edouard Wilson *recommande par-dessus tout la persécution réelle ou imaginaire* (ce sont ses propres termes), contre les protestans, l'idée qui gagne comme un incendie, et se répand comme une contagion, parmi les peuples en général, et engendre un esprit de haine mortelle et de mépris pour la nouvelle dynastie. ('C'est ainsi qu'il appelle les descendans de Saint Louis). Que les défenseurs du droit du peuple, ajoute-il, se mettent hardiment en avant, quel que soit le danger ; en agissant ainsi, ils avanceront l'état des affaires, et amèneront leur délivrance. Le peuple français devrait porter son attention sur la position de l'Angleterre, afin de profiter de la crise pour se sauver, commencer par réclamer sur tous les points, et procéder, par degrés, jusqu'au moment décisif. Puisse cette nouvelle année être celle de la liberté de tous les peuples!

Il témoigne à son frère combien il est las de ces sentimens et de ces fortes opinions, et qu'il a besoin de faits pour établir ses espérances; et il termine par ce conseil, qui ne laisse pas de doute sur les dispositions de ces implacables ennemis de notre repos : si cependant nos amis montrent trop de faiblesse, il vaut mieux ne rien tenter; à moins que la grande masse du peuple ne se mette en avant, l'on n'obtiendrait aucun résultat.

La quatrième pièce est émanée de Robert-Thomas Wilson : on y trouve les pronostics de cet étranger sur la révolution qui se prépare en France. Il y aura des scènes sanglantes avant que cette révolution soit consommée; mais le point est arrêté et l'impulsion donnée. Il se prépare aussi des mouvemens révolutionnaires en Prusse. Enfin la cinquième pièce est la lettre dont est extraite la relation de la fuite de Lavalette. Wilson n'y dissimule point les motifs qui l'ont porté à protéger cet homme. C'est qu'il voulait le soustraire à ses persécuteurs, qui multipliaient leurs efforts pour assurer ce

triomphe sanglant!!! C'est que les incidens intéres-
sans de son évasion n'avaient fait que rendre les monstres plus furieux. C'est enfin que lui, Wilson, avait
à décider si cette rage de vengeance serait assouvie, les
efforts précédens devenus inutiles; et la cause de la
liberté et de l'humanité, liée à la fortune de Lavalette,
déshonorée par sa catastrophe; ou si des espoirs cri-
minels seraient déjoués, si l'Angleterre échapperait à
la honte de participer à un nouvel assassinat, et si un
homme honnête et indépendant en Europe aurait au
moins une fois l'occasion de se faire connaître.

Il ne s'est point dissimulé les conséquences fâcheuses
de son entreprise; il n'ambitionnait pas l'emprisonnement ni la perte de sa commission, mais il s'était résigné à tous les deux; il a conçu quelquefois l'idée de
communiquer à un grand personnage ce qu'il a fait,
afin de ne pas encourir le reproche de conspirer clan-
destinement; il demande même conseil à ce sujet.
On sent qu'il a dû acquérir des renseignemens d'un
grand intérêt; mais il doit attendre des occasions sûres
pour en faire part à son correspondant. Il vient de
savoir, par les confidens de Feltre, que Soult doit être
porté sur leur première liste, et il en avertira Soult.
Interrogé sur le contenu de ses lettres avouées, Wilson n'en a rien désavoué, si ce n'est l'aversion profonde
qu'on lui suppose, dit-il, si gratuitement pour le gouvernement français. Il ne se serait jamais mêlé d'aucun acte de ce gouvernement, si l'honneur et la
bonne foi de sa nation ne se trouvaient point intéressés; comme Anglais, il avait droit de critiquer les

actes où cet honneur était compromis dans l'acception qu'elle leur donne; les motifs de liberté et d'humanité n'expriment autre chose que le respect pour les lois et la justice; les lettres qu'on lui oppose s'adressent à un ami intime et éclairé. Il n'avait pas eu soin de détailler les divers sentimens qui l'animaient, en les écrivant suivant l'ordre où ils se présentaient à son esprit : il n'a voulu tracer qu'un tableau général; et il y a une grande distinction à faire entre la précision qui appartient essentiellement à une lettre confidentielle adressée à un ami éclairé, et les développemens que doit contenir une lettre destinée à être mise sous les yeux du public. Sa politique avouée et reconnue a toujours été de respecter l'indépendance des nations, et il ne s'est jamais immiscé dans les affaires de leur gouvernement; mais il voit avec peine le gouvernement anglais sacrifier la constitution de son pays pour se lier à la politique française, et il avait vu avec plaisir la crainte de cette liaison.

Comme Anglais, il ne reconnaît pas les principes de la légitimité, et il a pu donner le nom de fou *et de maniaque*, ou de traître même, à des Anglais qui, en adoptant ce principe, outrageaient les statuts en vertu desquels la maison de Brunswick règne en Angleterre. Il n'a point apporté en France des vœux contraires au bonheur des Français, mais seulement un dissentiment d'opinion avec ceux qui cherchaient le repos de la France autre part que dans une amnistie; en élevant des doutes sur la clémence du roi, il n'a pu faire injure aux intentions de ce prince qu'il a connu autrefois, et qui lui a inspiré un sentiment de respect dont il a donné des témoignages publics ; mais il a voulu signaler plutôt des Français avides de vengeance, qui s'opposaient aux vœux que le cœur du roi avait ouvertement manifestés d'user de clémence à l'égard de Lavalette. La phrase que l'on a citée de la lettre d'Édouard Wilson, est un raisonnement purement spéculatif et hypothétique, et n'a point d'objet présent. Le but de mon frère, dit-il, s'explique par l'ensemble de cette lettre, où il n'était question que d'établir des calculs sur l'état de la France et sur celui de l'Angleterre. Il serait absurde de penser, dit-il, qu'un homme qui est en Angleterre, à la campagne, et éloigné des affaires, puisse et veuille entrer dans un complot extrême ; et, d'ailleurs on ne pouvait tirer contre moi aucune induction des sentimens exprimés dans cette lettre : si ces sentimens avaient été les miens, l'auteur de la lettre ne se serait par donné tant de peine pour me développer ses opinions et me les faire partager ; enfin, Robert-Thomas Wilson, après avoir, dans ses différens interrogatoires, protesté contre son arrestation, contre la forme de l'instruction française, contre la saisie de sa correspondance et contre ce qu'il appelle *le système inquisitorial* des interrogatoires, reconnaît pourtant que, selon les principes du droit des gens, il est soumis aux lois françaises, pour la poursuite et la répression d'un délit commis en France ; mais il a mis fin à l'instruction par ces mots : Il paraît qu'on a oublié que je suis Anglais, et qu'on ne connaît pas les droits d'un Anglais. Je fais ma dernière réponse : que l'on m'accuse, que l'on me mette en jugement; quand je serai devant les tribunaux, je saurai me défendre comme je dois, et soutenir mes droits dans cette circonstance.

La cour royale de Paris, saisie de la connaissance de l'affaire, et statuant, aux termes de la loi, par un seul et même arrêt, sur les crimes et délits imputés à Eberle, à Roquette père, à Benoît, à Guérin, à la dame Lavalette et à la veuve Dutoit, et sur les délits imputés à Wilson, à Hutchinson et à Bruce, à raison de la connexité qui existe entre le fait de l'évasion de Lavalette hors de la Conciergerie, et celui du recélé qui a été fait de la personne dudit Lavalette, pour le soustraire aux recherches de la justice, a renvoyé de la prévention la dame Lavalette et la veuve Dutoit, et a ordonné la mise en accusation d'Eberle, en même temps que le renvoi devant la cour d'assises du département de la Seine, des six autres prévenus, en conséquence, que Jacques Eberle, âgé de 35 ans, né à Dijon, l'un des gardiens de la Conciergerie de Paris, demeurant à Paris, rue des Trois-Canettes, n°. 3, en la Cité; Jean - Baptiste Roquette de Kerguidu, père, âgé de 60 ans, né à Libourne, greffier concierge de la Conciergerie de Paris, y demeurant; Benoît Bonneville, âgé de 34 ans, valet-de-chambre, demeurant chez Lavalette, rue de Grenelle-Saint-Germain, n°. 105; Joseph Guérin, dit Marengo, âgé de 53 ans, né à Carteau (canton de Lusille, Savoie), commissionnaire et porteur, demeurant à Paris, rue du Cœur-Volant, n°. 4; Robert-Thomas Wilson, âgé de 38 ans, officier-général anglais en non activité, né à Londres, résidant depuis plusieurs mois rue de la Paix, nº. 31 ; John - Ely Hutchinson , âgé de 26 ans , capitaine de grenadiers dans la garde anglaise , né à Wexford en Irlande , logé à Paris rue du Helder , nº. 3 ; et Michel Bruce , gentilhomme anglais , âgé de 26 ans , né à Londres , logé à Paris , rue Saint-Georges , nº. 24 ,

Sont inculpés ; savoir : Jacques Éberle , d'avoir , le 20 décembre dernier , de connivence avec Marie-Chaman Lavalette , condamné à la peine capitale , à la garde duquel il était préposé , facilité l'évasion de ce prisonnier ; Jean-Baptiste Roquette de Kerguidu , père , d'avoir , par sa négligence , facilité l'évasion dudit Lavalette , à la garde duquel il était préposé ; Benoît Bonneville et Joseph Guérin , d'avoir facilité ladite évasion , en procurant sciemment au condamné les moyens de s'évader ; et Robert-Thomas Wilson , John-Ely Hutchinson et Michel Bruce , d'avoir , de complicité , dans le cours de janvier mil huit cent seize , recélé ledit Lavalette , sachant qu'il était condamné à la peine capitale , et d'avoir ainsi facilité et consommé son évasion.

Crimes et délits connexes et prévus par les art. 59 , 60 , 240 et 248 du Code pénal.

Fait au parquet de la Cour royale de Paris , le trente mars mil huit cent seize.

Signé BELLART ,

Procureur-général.

Pendant la lecture de ces pièces, M. le président, profitant d'un moment de repos du greffier, a remarqué que les accusés, et particulièrement les Anglais, étaient trop pressés sur le premier banc; il a ordonné, en conséquence, aux gendarmes, de faire placer Bonneville sur le second banc, attendu, a-t-il dit, d'ailleurs, qu'une distinction a été établie exprès pour séparer le délit et le crime. Les quatre Anglais et le concierge Roquette sont les seuls qui restent sur le banc de devant.

Après avoir expliqué à chacun des accusés en particulier l'accusation qui leur est imputée, M. le président leur annonce qu'ils vont entendre les charges portées contre eux.

L'avocat-général prend la parole, et dans un discours adressé aux jurés, et remarquable par la méthode, la clarté et la précision, il a distingué l'accusation en deux parties, l'évasion, le recèle. C'est dans cette première partie que se trouvent compris Eberle, Roquette, Bonneville, Guérin, dit *Marengo*; l'évasion est un fait simple, cependant elle est crime ou délit, suivant les circonstances. Si celui, a-t-il dit, qui est préposé à la garde d'un prisonnier condamné à la peine capitale, ou seulement accusé d'un crime capital, le laisse échapper par connivence, il commet un crime; celui qui le laisse échapper par négligence, commet un délit; dans la première espèce se trouve Eberle; c'est par lui que la cour d'assises est saisie de l'affaire. Roquette est placé dans la seconde. Les deux autres accusés, Bonneville et Marengo, n'étaient point chargés de la garde de Lavalette, ils ne sont accusés que de coopération à l'évasion, c'est un délit de complicité; mais s'ils sont coupables, ils ne le sont pas au même degré.

Après avoir résumé les charges qui s'élèvent contre les quatre accusés, M. l'avocat-général passe à la seconde partie, le recélé; l'acte d'accusation en a posé les bornes, il ne s'agit que du fait matériel du recélé. Les trois Anglais savaient que Lavalette était condamné, ils ne le nient pas, ils avouent également avoir participé à son évasion.

Sur le tout, ajoute-t-il, je laisse les faits se développer d'eux-mêmes; il est bon que les premières impressions dérivent des débats. Examinant froidement, vous jugerez de même. Les distinctions s'effacent toutes devant la justice; faibles et puissans, riches et pauvres, nationaux et étrangers, dans tous elle ne voit que des hommes; ce n'est pas de leurs qualités dont il s'agit, mais de leurs œuvres. Que dirais-je qui puisse ajouter aux sentimens qui vous animent? Quand il s'agit d'équité, de devoir, d'honneur, il n'y a rien à recommander à un jury français.

M. l'avocat ayant terminé son résumé, l'huissier fait l'appel des témoins qui se retirent dans leur chambre. Parmi eux on remarque avec le plus vif intérêt Mad. et Mlle. Lavalette.

Le président procède à l'examen des accusés.

D. Accusé Eberle, vous étiez attaché à la maison de la Conciergerie ?

R. Oui, M. le Président.

D. Y a-t-il long-temps ?

R. Depuis le 31 août ; mais avant, j'étais aux Madelonnettes.

D. Quels sont vos gages ?

R. Mille francs par an.

D. Votre femme a recueilli, il y a quelque temps, un héritage ; il consistait en 500 francs d'argent environ, en une maison qui n'est point vendue ? N'a-t-elle pas aussi acheté un fonds de fruitière ?

R. Elle ne l'a pas acheté, elle l'a formé ; la boutique était occupée par un serrurier.

D. D'où viennent les 1700 francs que l'on a trouvés chez vous le jour de l'évasion de Lavallette ? Il paraît que votre femme a commencé par nier qu'elle ait de l'argent ?

R. Je l'avais dit d'avance à M. Bellart. Depuis

1813 , j'avais gagné 3ooo francs ; je peux bien avoir économisé 1700 francs.

D. Vous aviez placé 527 fr. au Mont-de-Piété ; il est étonnant que vous ayez laissé dormir une somme aussi considérable pour vous que celle de 1700 fr. Quelles étaient vos fonctions à la Conciergerie ?

R. J'allais partout, j'étais à tout ; je *voltigeais dans la prison.*

Ici M. le Président trace le plan des lieux où la scène du 20 décembre s'est passée. L'entrée de la Conciergerie est fermée, dit-il, par deux portes, l'une en bois, l'autre en fer ; ensuite une pièce carrée assez vaste que l'on appelle l'avant greffe, mais connue dans la maison sous le nom de grand guichet, de guichet d'entrée ; au milieu un gros poële ; vis-à-vis la première porte , une porte basse , on la franchit et l'on se trouve dans un vestibule ; un peu à gauche, est une très-grosse porte fermée d'un énorme verrou extérieur ; elle donne entrée dans un corridor où est située à droite la chambre de Lavalette. Elle est fermée par une serrure à pène dormant que l'on ne fermait pas ; ainsi Lavalette n'était séparé de la porte d'entrée que par la grosse porte à gros verrou, et par la petite porte basse de l'avant-greffe , et lorsque la grosse porte était ouverte, il ne restait plus à franchir que le premier guichet.

D. Racontez-nous de quelle manière s'est passée la scène d'évasion du condamné Lavalette dans la soirée du 20 décembre dernier?

R. A cinq heures du soir, M. Roquette me dit de ne laisser sortir personne sans l'en prévenir. J'avais mis comme à l'ordinaire le couvert de M. de Lavalette, qui avait avec lui sa femme, sa fille et sa femme de charge, la veuve Dutoit. A six heures, il me demanda du café; il me dit ensuite de sortir et qu'il m'appellerait lorsqu'il aurait besoin de moi; je n'ai jamais reçu aucun ordre de rester dans la chambre, je sortis.

D. La comtesse de Lavalette était la seule personne dont M. le procureur-général eut permis alors l'introduction auprès du condamné. Savez-vous comment les autres personnes qui s'y trouvaient furent introduites?

R. Cela ne me regardait pas; elles avaient sans doute été admises par mon chef.

D. Vous allâtes dans la chambre du condamné Lavalette au second coup de sonnette que vous entendîtes, ainsi que vous en aviez reçu l'ordre?

R. Je n'ai jamais parlé que d'un seul coup de sonnette. Lorque je l'entendis, je fus voir ce qu'on voulait; j'approchai seulement du seuil de la porte; j'aperçus M. de Lavalette, qui me dit d'appeler les porteurs, parce que ses dames allaient se retirer.

D. Puisque vous avez vu alors le condamné Lavallette, comment était-il vêtu dans ce moment ?

R. Je ne vis que la moitié de son buste ; il avait, selon sa coutume, une redingotte.

D. Que fîtes-vous pour exécuter l'ordre qui vous fut donné ?

R. Afin d'aller prévenir le valet-de-chambre, pour qu'il avertit les porteurs, je sortis, en laissant la porte *tout contre*.

D. Comment, vous n'avez pas fermé la porte ?

R. Non ; je n'avais reçu aucun ordre pour cela. Si c'est un tort, c'est le seul qu'on puisse me reprocher.

D. MM. les jurés apprécieront cet aveu de votre part. Qu'avez-vous fait ensuite ?

R. Je fus prévenir Benoît, le valet-de-chambre, et en rentrant, je rencontrai les trois *dames* qui sortaient de la chambre.

D. Comment se peut-il faire que dans un si court espace de temps le condamné Lavalette ait pu revêtir des habits de femme ? N'était-il pas déjà travesti lorsque vous l'aviez-vu un instant auparavant ?

R. Il ne l'était nullement ; j'espère que cela sera prouvé. Les trois personnes restèrent en présence du concierge, qui donna la main ou le bras à celle qui portait les habits de madame de Lavallette, et il dit au dernier portier : Thuilier, ouvrez la porte à ces dames.

D. Dans quelle position étiez-vous auprès de ces trois personnages : comment les avez-vous apperçus ? Etiez-vous en face ?

R. Non ; je les ai vus de côté.

D. Madame de Lavalette est plus grande et beaucoup plus mince que son mari ; et cela est facile à remarquer. N'avez vous pas dit après l'évasion, à un porte-clef nommé Bodiscar : comment n'a-t-on rien aperçu ; c'était pourtant bien visible ; mais le maître était là ; je n'avais rien à dire.

R. Je n'ai pas dit ça.

D. Pourquoi, lorsque vous avez été arrêté, avez-vous témoigné tant d'inquiétudes ? Pourquoi vouliez vous écrire chez vous ?

R. J'ai voulu envoyer près de ma femme, mais je ne lui ai pas écrit.

D. Après l'évasion, n'avez-vous pas reçu l'ordre de courir après la chaise à porteur ? Au lieu d'exécuter cet ordre de suite, n'êtes-vous pas retourné dans la prison pour fermer la porte de la chambre où était restée Madame la comtesse de Lavalette, en disant : Ah ! pour celle-ci, elle ne s'échappera qu'après un bon ordre ?

R. Je courus de suite après la chaise, avec le fils de M. Roquette. Je ne rentrai qu'après.

L'accusé ayant montré, dans presque toutes ses réponses, beaucoup de divagations et une sorte de niaiserie, M. le président, le lui faisant observer, lui a dit : je crains que l'on vous ait fait une leçon, un dictionnaire, auquel vous vous conformez. On vous a dit très-borné; ne serait-ce pas un rôle que vous jouez ?

R. Non monsieur le président ; *mon être est bien facile à juger, il est naturel, et je ne le contrefais point.*

D. Répondez cathégoriquement : Avez-vous dit, en fermant la porte de la comtesse de Lavalette : celle-ci n'en sortira que par bon ordre.

R. Oui : c'est après avoir couru après la chaise à porteur.

Le concierge Roquette de Kerguidu est appellé à faire sa déclaration : son organe étant très-faible, M. le président l'invite à descendre au parquet, accompagné d'un gendarme.

D. Accusé Roquette, vous étiez préposé à la garde de la Conciergerie du Palais de Justice ; c'est d'après votre demande que cette place vous a été confiée. C'était un motif de plus pour vous de la remplir avec zèle, et de redoubler de surveillance. Il s'agit de savoir si vous avez participé directement à l'évasion du condamné

Lavalette, ou si l'on ne doit vous attribuer qu'un défaut de surveillance. Racontez les faits de l'évasion.

R. Le 20 décembre, je me rendis, d'après les ordres que j'en avais reçu, dans la cabinet de M. le procureur-général; il me dit que le jugement de M. de Lavalette devait être exécuté le lendemain, et qu'il ne fallait plus permettre que personne le vît. Je répondis à M. le procureur-général que madame la comtesse, ainsi que sa fille, étaient dans la prison, et que, selon l'usage, elles devaient y dîner. En ce cas, me répondit M. le procureur-général, comme il faut ne leur rien dire, laissez-les auprès du condamné pour aujourd'hui. Le soir, entre cinq et six heures, je fus chez M. le préfet de police, qui me dit aussi de ne plus laisser pénétrer personne, pas même sur un ordre signé de lui.

D. Vous aviez reçu de M. le procureur-général l'ordre de ne laisser pénétrer auprès du condamné que sa femme seule; cependant sa fille et la femme de charge sont entrées?

R. Cela est vrai. Quant à la fille de M. le comte, je crus devoir la laisser entrer, parce que j'imaginai que c'était par oubli qu'elle n'était pas comprise dans l'ordre; mais pour la femme Dutoit, je ne sais pas comment elle est entrée. C'est à mon insu et sans aucun ordre qu'elle a pénétré dans la chambre; et ce doit être pendant que j'étais chez le préfet de police.

D. Ce n'est qu'à six heures vingt-cinq minutes que vous êtes entré dans le cabinet du comte Anglès (l'heure est précise, je le sais), et la femme Dutoit était long-temps auparavant dans la chambre du condamné Lavalette? Qui a pu la laisser entrer?

R. Il n'y a que moi ou Eberle, en mon absence, qui ait pu la faire entrer, et ce n'est pas moi.

D. (A Eberle.) C'est donc vous?

Eberle : Non, M. le président, ce n'est pas moi; je ne sais pas comment elle est entrée; elle était dans la chambre, lorsque j'y fus pour mettre le couvert vers quatre heures; d'ailleurs, lorsque M. Roquette et moi sommes absens, d'autres employés peuvent laisser entrer.

M. le président. Accusé Roquette, cela est-il vrai?

Roquette. Eberle se trompe, M. le président; il n'y a que lui ou moi qui ayons pu laisser entrer la veuve Dutoit, et j'affirme que je ne savais seulement pas qu'elle fût dans la chambre de M. de Lavalette.

Eberle persiste à dire que ce n'est pas lui qui l'a introduite.

M. le président. Je n'insisterai pas davantage.

sur cette circonstance. Roquette, expliquez maintenant comment l'évasion s'est opérée.

Roquette. Après avoir donné quelques détails déjà connus, il ajoute : Eberle rencontra dans le couloir les trois personnes qui sortaient; il les vit, et les laissa passer.

M. *le président.* C'est donc en face qu'il les a vues; vous avez dit le contraire tout à l'heure : Eberle, expliquez cette contradiction.

Eberle. C'est faux; je ne les ai vues que de profil.

M. *le président.* Roquette, puisque vous ignoriez que la veuve Dutoit fût dans la chambre de Lavalette, vous avez dû être bien étonné de l'en voir sortir?

Roquette. Cela m'a beaucoup surpris.

M. *le président.* Croyez-vous qu'Eberle ait été complice de l'évasion?

Roquette. Je ne le crois pas complice; il n'a eu que de l'étourderie, et voilà tout.

Me *Blaque.* J'ai des raisons pour savoir l'heure précise à laquelle Roquette est allé chez M. le préfet de police.

Roquette. C'est vers quatre ou cinq heures.

M. *le président.* Vous vous trompez. C'était au moment où le comte Anglès venait de se mettre à table; il était six heures vingt-cinq minutes; j'en ai la preuve positive.

Roquette. Je peux me tromper. (Il retourne à sa place.)

L'audience est suspendue à trois heures : elle est reprise au bout de vingt minutes.

M. *le président*. Accusé Bonneville, il paraît que vous avez été le confident de M. et Mad. de Lavalette, et que vous étiez initié dans les secrets du projet d'évasion.

Bonneville. Je n'étais initié dans aucun secret; je n'avais aucune connaissance du projet qu'avaient pu former M. et Mad. de Lavalette.

M. *le président*. Cependant, le 20 décembre, vous avez eu de fréquentes communications avec Eberle.

Bonneville. Le jour que vous citez, M. le président, je n'ai vu le guichetier Eberle qu'au moment où il est venu me dire que ces dames allaient sortir et demandaient la chaise.

M. *le président*. Pourquoi Brigant, l'un des porteurs de la chaise, s'est-il retiré au moment où l'on supposait que madame de Lavalette allait quitter son mari pour rentrer chez elle?

Bonneville. Il a prétexté qu'il était fatigué et qu'il avait mal aux reins.

M. *le président*. Vous lui aviez dit qu'il y avait vingt-cinq louis à gagner, et qu'il s'agissait seulement d'aller un peu plus vite, en portant un poids un peu plus fort. Sa vertu, sa délicatesse

furent alarmées. Voilà les motifs qui le décidè-
rent à se retirer.

Bonneville. Je n'avais fait aucun offre d'argent
à Brigant. Je n'étais initié, comme je l'ai déjà dit,
dans aucun secret.

M. le président. Accusé Guérin, vous étiez le
porteur habituel de la chaise de madame de
Lavallette ?

Guérin. Oui, M. le président, depuis un mois.

M. le président. N'a-t-on pas dit à Brigant, pour
le décider à vous seconder, que vingt-cinq louis
étaient à gagner ?

Guérin. Je n'ai pas entendu que Bonneville
ait offert de l'argent à Brigant, et je n'ai pas supposé qu'il fût question de porter une personne
autre que madame de Lavallette.

M. le président. En quel endroit vous êtes-vous
arrêté avec la chaise que vous portiez ?

Guérin. Au bout de la rue de la Barillerie.
La chaise ballotait. Le poids se faisait sentir fortement sur un côté. Je posai la chaise;
mais j'entendis bientôt Bonneville me crier :
Marengo, Marengo, marchez donc. Nous nous
remîmes en marche, et peu d'instans après
nous fûmes arrêtés. M. de Lavalette , que
nous avions porté , sans le savoir , était sorti
de la chaise au moment où nous nous étions
reposés, et il avait été remplacé par sa fille , également à mon insu.

On passe à l'interrogatoire des autres accusés.

M. le président. Accusé Bruce, êtes-vous à Paris depuis long-temps?

M. Bruce. Depuis à peu près treize mois.

M. le président. Vous aviez des liaisons avec le duc de Vicence?

M. Bruce. Cela est vrai, M. le président; mais je ne vois pas ce que peuvent avoir de commun mes liaisons avec le duc de Vicence et l'évasion de M. de Lavalette.

M. le président. Vous avez montré un intérêt très-vif pour le maréchal Ney?

M. Bruce. Cela est vrai, et je suis loin d'en rougir.

M. le président. C'est à vous que le condamné Lavalette s'est adressé pour les moyens de sortir de Paris et de France?

M. Bruce. Le 31 décembre, ou le premier janvier, je reçus une lettre anonyme. On y exaltait la noblesse de mon caractère, mais je ne sais si je méritais tous les complimens qui m'étaient adressés. La confiance que j'inspirais, disait-on, déterminait l'auteur de la lettre à m'apprendre que M. de Lavalette était encore à Paris, et que je pouvais le sauver. Je ne fis aucune question à la personne qui me remit cette lettre. Je pensai que, dans une affaire de cette nature, on ne pouvait trop éviter les indiscrétions. L'aventure de l'évasion de M. de Lavalette m'avait paru avoir quelque chose de romanesque, et pour ainsi dire de miraculeux. Je m'intéressais vivement à lui, et me décidai facilement à le servir; je ne sais pas si j'ai eu tort, mais je crois que l'honneur et l'humanité ne me permettaient pas de prendre un autre parti. Je n'aurais mis personne dans la confidence, si je n'eusse pas craint de compromettre, par un excès de confiance dans mes moyens, la sûreté de celui qui s'abandonnait à moi. Je fis part de la nouvelle à un ami que je ne veux pas nommer et qui se fera connaître s'il le juge à propos. Il pensa qu'il convenait de la communiquer à un autre ami. Nous convînmes, entre nous trois, des mesures que nous prendrions. Le soir du 7 janvier, M. de Lavalette se rendit dans l'appartement de ce deuxième ami; je restai avec lui jusqu'à minuit, je l'embrassai et le quittai.

M. le président. Dites-nous ce qui s'est passé dans l'appartement du capitaine Hutchinson, à dater du moment où le condamné Lavallette y est arrivé?

M. Bruce. Je n'ai pas nommé le capitaine Hutchinson.

M. le président. Mais vous avez rendu public, par la voie de l'impression, des interrogatoires où vos deux amis se sont fait connaître euxmêmes.

M. *Bruce.* Nous avons fait publier nos interrogatoires, parce qu'il nous importait de détruire
les bruits injurieux que l'on répandait sur notre
conduite. (Ici, M. Hutchinson invite M. Bruce à
le nommer.) Mon ami , continue M. Bruce ,
m'autorise à prononcer son nom. Je puis donc
maintenant avouer que c'est dans l'appartement
du capitaine Hutchinson que M. de Lavallette a
passé la nuit du 7 au 8 janvier.

M. *le président.* N'avez-vous pas procuré une
perruque au condamné Lavalette?

M. *Bruce. Je n'ai rien à faire avec la perruque de*
M. *de Lavalette.* La mesure de perruque , qui a été
trouvée chez moi, concernait un ami qui se trouvait à Constantinople.

M. *le président.* Accusé Hutchinson , c'est dans
votre appartement que Lavalette a été reçu le
soir du 7 janvier?

M. *Hutchinson.* Oui , Monsieur.

M. *le président.* Le condamné Lavalette étant
entré dans votre logement , un inconnu ne se
présenta-t-il pas à votre porte pour remettre à
ce condamné deux pistolets qu'il avait oubliés.

M. *Hutchinson.* Mon domestique vint m'annoncer que quelqu'un demandait à me parler.
Je sortis pour empêcher l'inconnu d'entrer : j'a-
perçus dans sa poche un pistolet à deux coups.
La première idée qui se présenta à mon esprit

fût que tout était découvert, et je me préparais à faire résistance. Je saisis le pistolet, l'inconnu ne s'y opposa pas ; il me dit seulement : *Vous êtes donc de nos amis ?* Je lui répondis affirmativement ; mais, par précaution, je ne voulus pas permettre qu'il entrât dans ma chambre.

M. *le président.* Lorsque Lavalette est sorti de Paris, vous l'avez escorté jusqu'à Compiègne ?

M. *Hutchinson.* Cela est vrai.

M. *le président.* Ce que vous en faisiez n'était que pour obliger vos amis ?

M. *Hutchinson.* Point du tout, monsieur ; je n'étais mu que par un sentiment d'humanité.

M. *le président.* Général Wilson, connaissez-vous Lavalette ?

Le général Wilson. Je n'avais vu M. de Lavalette, et ne le connaissais sous aucun rapport.

M. *le président.* Vous vous êtes chargé de le conduire hors de France ?

Le général Wilson. Oui.

M. *le président.* C'est vous qui aviez prié le capitaine Hutchinson de recevoir chez lui le condamné Lavalette ?

Le général Wilson. Mon ami, le capitaine Hutchinson, n'a rien fait que sous mon influence.

M. *le président.* En conduisant Lavalette, vous avez passé par Compiègne, et vous vous êtes rendu sur la frontière ? Vous aviez pris, sous des noms empruntés, pour vous et pour Lavalette, deux passeports que vous aviez eu soin de faire viser par toutes les autorités compétentes?

Le général Wilson. Tout cela est vrai.

M. *le président.* Saviez-vous que Lavalette était condamné à subir la peine capitale.

Le général Wilson. Sans doute.

M. *le président.* Saviez-vous que Lavalette avait été condamné comme complice de Buonaparte, comme ayant fait partie de la faction séditieuse qui avait ramené l'usurpateur?

Le général Wilson. Je connaissais l'histoire du procès; mais je ne regardai point M. de Lavalette comme ayant fait partie d'une conspiration, parce que j'ai toujours été convaincu qu'il n'avait point existé de complot pour faire rentrer Buonaparte en France. Au reste, lorsqu'il a été question, entre mes deux amis et moi, de sauver M. de Lavalette, l'humanité seule a parlé à nos cœurs, et nous n'avons été dirigés par aucune considération politique.

M. *le président.* Huissiers, faites entrer le premier témoin.

Les témoins sont successivement introduits.

Témoins à charge.

Le sieur Roquette, fils. Lorsqu'il sut que M. de Lavalette s'était évadé, il sortit précipitamment, rencontra Eberle, lui fit part de l'événement, et lui recommanda de courir après la chaise à porteurs, en lui indiquant le chemin qu'il fallait suivre. Quelques heures après, Eberle témoigna son étonnement de ce qu'on n'avait pas reconnu M. de Lavalette sous les habits de sa femme, qui était beaucoup plus grande.

M. *le président*. Eberle, avez-vous quelques observations à faire?

Eberle. Oui, monsieur, *parce qu'il y a un peu de fausseté*. D'abord, c'est moi qui ai dit au sieur Roquette fils par quel chemin il fallait courir après la chaise. Ensuite il ne m'a informé de l'évasion du prisonnier que lorsque nous étions sur le quai, près de la caserne des pompiers.

Deuxième témoin. Bodiscard, gardien de la maison de justice. Il sortait pour porter une lettre à sept heures du soir, en même temps que M. Lavalette quittait sa prison sous les habits de sa femme; il rencontra Eberle, qui venait de chercher les porteurs, et qui l'emmena au cabaret.

Frerel, gendarme. Il était de faction dans l'intérieur de la prison. Il a entendu la scène qui s'est passée entre le concierge et madame Lavalette, au moment où l'on s'est aperçu de l'évasion du prisonnier.

M. *le président*. Gendarme, pourquoi ne vous êtes-vous pas revêtu de votre habit d'uniforme pour vous présenter, dans cette audience solennelle, devant les organes de la loi?

Frerel. Mon habit d'uniforme était en mauvais état : je l'ai donné à raccommoder.

M. *le président. Un habit militaire est toujours beau !*

Gauthier, autre gendarme. Il était de faction à la porte extérieure de la prison. Il vit trois femmes sortir : l'une d'elles demanda les porteurs de la chaise; Eberle alla les chercher.

Brigant, maçon. Il avait consenti, le 20 décembre, à porter madame de Lavalette avec Guérin, dit *Marengo.* Sur les six heures et demie du soir, dit-il, comme nous étions dans un cabaret, près de la prison, Bonneville me dit, ainsi qu'à Marengo : Il y a vingt-cinq louis à gagner. Que faut-il faire pour cela, demandai-je? Il faudra marcher un peu plus vite, me répondit Bonneville. Mais on ne donnerait pas vingt-cinq louis pour cela, répliquai-je. Bonneville m'assura qu'il n'y avait rien à craindre. Marengo ajouta qu'il ne fallait pas laisser cette occasion de gagner de l'argent, puique Bonneville déclarait qu'il n'y avait point de danger. Je n'en persistai pas moins à me retirer.

Brigant ajoute, en pleurant, qu'il vient de dire la vérité.

La femme Brigant est aussi au nombre des témoins. Son mari lui a raconté, le soir du 20 décembre, les faits sur lesquels il vient de déposer.

La veuve Serroi, autre témoin, est la portière de la maison, rue du Helder, n°. 3. Elle a vu entrer, le 7 janvier, plusieurs personnes chez M. Hutchinson. Elle a vu partir, le lendemain, un cabriolet dans lequel se trouvaient deux hommes portant l'uniforme anglais.

Un sieur Schwartz paraît aussi comme témoin. C'est le tailleur qui a fait les habits dont M. de Lavalette a été revêtu. Il ne savait pas à quel usage ces habits étaient destinés.

Pinon, cocher de cabriolet, Vidaon loueur de cabriolets, et M. Pasquier, qui fut appelé pour traduire les pièces qui avaient été trouvées chez les trois Anglais, sont également au nombre des témoins à charge. Ils n'ont connaissance d'aucun fait qui puisse appuyer l'accusation ou la défense des accusés.

Kretthy, gardien à Saint-Denis; Fauget, garçon de service à la Conciergerie, et Thuillier, gardien de la même prison, sont les derniers témoins qui aient été assignés à la requête du ministère public. Ils déposent que le sieur Roquette avait recommandé à Eberle de l'avertir quand la sonnette de M. de Lavallette se ferait entendre; que sur les sept heures, Eberle prévint le sieur Roquette qu'on venait de sonner, que le sieur Roquette lui donna l'ordre d'aller ouvrir la porte de la chambre de M. de Lavallette, qu'aussitôt les dames parurent et sortirent.

Madame la comtesse de Lavalette est appelée à déposer. Cette dame paraît très-émue ; elle veut commencer à articuler quelques mots , mais la parole lui manque ; elle prend enfin sur elle et dit: « J'atteste, sur mon honneur et ma conscience, et avec toute la vérité dont je suis capable, que j'ai conçu et exécuté seule le projet de sauver mon mari. Aucun des accusés ici présens n'a été et n'a pu être dans ma confidence. »

M. *Claveau*. Je prie M. le président de demander à madame la comtesse de Lavalette si elle sait comment la veuve Dutoit s'est introduite dans la chambre de son mari?

Mad. *de Lavalette*. Je l'ignore absolument.

M. *Claveau*. M. de Lavalette était-il déjà travesti, lorsqu'au bruit de la sonnette, Eberle s'est présenté à la porte de la chambre.

Mad. *de Lavalette*. Le travestissement était fait.

M. *Dupin*. Madame a-t-elle jamais vu MM. Wilson, Hutchinson et Bruce ?

Mad. *de Lavalette*. Je n'avais jamais eu l'honneur de voir ces messieurs.

M. *Mangin*. Madame avait-elle mis Bonneville dans sa confidence ?

Mad. *de Lavalette*. Mon domestique ne savait rien. Je n'avais dû me confier à personne.

Mademoiselle de Lavalette, qui est âgée d'environ 14 ans, est introduite dans la salle. Elle a été dispensée de la solennité du serment, attendu son âge. M. le président, s'adressant aux avocats, leur a recommandé de ménager la sensibilité et l'émotion très-visible de cette jeune personne, en abrégeant leurs questions.

M. *Claveau*. Par qui la veuve Dutoit a-t-elle été introduite dans la chambre de M. de Lavalette ?

Mademoiselle *de Lavalette*. Je l'ignore.

M. *le président*. L'audience est suspendue. Elle sera reprise demain matin à neuf heures. — Il est six heures.

DEUXIÈME AUDIENCE.

Du 23 Avril.

L'audience est reprise à dix heures et demie.

Avant de continuer l'audition des témoins à décharge, on fait appeler un dernier témoin à charge, qui n'a pu être entendu hier.

C'est la *femme Sauvage*, demeurant rue du Helder, dans la maison où le capitaine Hutchinson occupait un appartement. Interrogée sur les circonstances dont elle peut avoir eu connaissance, elle dépose qu'elle n'a rien remarqué, rien su, rien vu de particulier au procès.

Viennent ensuite les témoins à décharge, qu'il reste encore à entendre.

Le sieur Laîné, inspecteur-général des prisons. La veille de l'évasion de M. de Lavalette, il reçut l'ordre de M. le Préfet de police de redoubler de surveillance à la Conciergerie, et d'y faire chaque jour une visite. Le jour de l'événement, le concierge Roquette lui fit part de l'avis qu'il avait reçu de M. le procureur-général, relativement à l'exécution du jugement pour le lendemain. Il était présent lorsque mademoiselle de Lavalette alla dans la salle dite de l'avant-greffe, pour envoyer chercher un paquet qui était dans la chaise à porteurs. Ce paquet fut porté dans la chambre de M. de Lavalette, sans être visité.

Le concierge Roquette explique que ce paquet n'a pas été visité, parce qu'on savait que c'était un oreiller que madame de Lavalette avait l'habitude de porter pour son usage. Un autre paquet fut également reçu sans être soumis non plus à l'épreuve de la visite : celui-ci ne contenait que des bouteilles de vin qu'on avait également coutume de porter tous les jours.

L'inspecteur Laîné dépose qu'il a toujours remarqué de la part de Roquette le plus grand zèle et la surveillance la plus scrupuleuse. Pendant la détention du maréchal Ney, il faisait goûter les plats et déguster les vins qu'on lui servait.

M. de Grisenoi, colonel d'état-major de la garde nationale. Il commandait à la Conciergerie pendant les derniers huit jours où le maréchal Ney y fut détenu, et il a souvent eu l'occasion de remarquer le zèle et la surveillance extrêmes que Roquette mettait dans l'exercice de ses fonctions. M. de Grisenoi est chargé par M. de Langeac, officier des grenadiers de Laroche-Jacquelin, qui a aussi été employé à la garde du maréchal Ney, de déposer, dans le même sens, en faveur du concierge Roquette.

M. *de Fortia*, officier d'état-major de la garde nationale, ne pouvant se rendre à l'audience, pour cause de maladie, a écrit à M. le président une lettre dont il est fait lecture. Dans cette lettre, il rend, en faveur du concierge, un témoignage dans le sens de M. de Grisenoi, avec lequel il était employé à la garde du maréchal Ney.

Les sieurs *Nanin* et *Duçor*, employés à la

surveillance de la personne du maréchal Ney,
déposent également dans le même sens. Ducor a
entendu les gardiens se plaindre de la rigidité du
concierge. Il ne peut pas désigner le gardien
qui a fait entendre ces plaintes; ce n'est pas
Eberle.

La veuve Dutoit, femme de confiance de madame Lavalette. Elle est fort âgée : malgré les
interpellations, les instances de M. le président
et de quelques-uns de MM. les jurés, elle persiste
à déclarer qu'étant très-malade le jour de l'évasion, elle a perdu le souvenir de toutes les circonstances de cette évasion. Elle ne se rappelle
point, dit-elle, par qui ni comment elle a été
introduite dans la chambre de M. de Lavalette,
c'est vers six heures, plus tôt ou plus tard, qu'elle
y entra.

Le sieur Fréau, greffier-concierge aux Made-
lonettes. Eberle a été préposé sous ses ordres,
pendant deux ans, à la garde des prisonniers;
il a toujours été zélé, fidèle, vigilant et écono-
me, bien que d'un esprit borné et d'une intelligence commune.

Gaudin, gendarme. Il a été appellé par M. le
président, en vertu du pouvoir discrétionnaire
qui lui est accordé par la loi. Il dépose qu'étant
de garde à la Conciergerie, il remarqua, un
soir, de la lumière par la croisée de la cham-

bre de M. de Lavalette; sur l'observation qu'il en fit, un gardien, qu'il ne peut désigner, lui dit : Oh! pour celui-là, il n'y a rien à craindre.

La femme *Écosse*. En juin 1815, la femme Eberle lui confia qu'elle avait une somme de onze cents francs, sans compter cent francs qui lui étaient dus, et qu'elle était fort inquiète pour la conservation de cette petite fortune, à cause des alliés qui étaient sur le point d'entrer à Paris.

Laporte (dernier témoin); c'est le camarade de l'accusé Guérin, dit Marengo : étant malade, le jour de l'évasion, il se fit remplacer par le commissionnaire Brigant, lequel, à son tour, refusa, le soir, de porter la chaise. Brigant n'a point dit à Laporte qu'on lui eût offert beaucoup d'argent ; il lui a annoncé qu'il avait renoncé à finir la journée parce qu'il était malade des suites d'un effort qu'il avait gagné quelques jours auparavant.

M. l'avocat général *Hua* a pris la parole, et a commencé en ces termes :

MM. les jurés, vous connaissez l'événement qui a donné lieu au procès. Un condamné à mort s'est dérobé au supplice ; il a franchi les portes de la prison et les frontières de la France. Heureux si, en fuyant la justice, il a fui les remords ; si ces distances le rassurent, s'il a trouvé un lieu où il puisse dire : je suis tranquille, et montrer à découvert un front que la foudre judiciaire a frappé.

L'évasion de la prison a été favorisée par sa femme. Madame de Lavalette, mettant à profit les condescendances que la justice avait pour sa douleur, a sauvé son mari par un de ces travestissemens usités par le plaisir, consacré celte fois à l'infortune.

Le condamné, habillé en femme, est sorti sous la conduite du gardien lui-même, de l'honnête et crédule concierge, qui lui donna la main. Les portes de la prison se referment sur madame de Lavalette, restée à la place de son mari.

Que de bonheur pour elle! Il serait sans mélange, si l'action qui la glorifie n'eut compromis personne ; mais vous voyez devant vous des hommes qui peuvent être complices....

Comment sont-ils traduits devant les tribunaux français, ces étrangers qui figurent dans l'accusation?... Ils ne sont ni les parens, ni les amis, pas même les *connaissances* du condamné ; de quelle nature est donc l'intérêt qui les a portés vers lui?

L'intérêt de l'humanité, disent-ils; et déjà ce motif si général, qui peut être pour tout le monde, ne devient justificatif pour personne. On ne peut tolérer cette espèce d'humanité qui s'exerce contre l'ordre public, au mépris et par infraction des lois ; mais si ces étrangers avaient dans le cœur la haine de nos lois, si notre tranquillité leur étoit importune, si dans leurs intentions hostilles ils essayaient, contre le gouvernement auquel le salut de la France est attaché, des moyens révolutionnaires, et si ce fruit de l'évasion, tout faible qu'il est, servait pourtant d'initiative à ces moyens, alors vous sentirez que la justice a dû, pour l'intelligence même du délit, rechercher les nouveaux élémens dont il se surchargeait à ses yeux ; elle a dû suivre toutes les traces ; et si elle est arrivée à un foyer de machinations et d'intrigues, le devoir des magistrats est de les dévoiler....

M. Hua parcourt les faits retracés dans l'acte d'accusation, et passe ensuite aux charges relatives à chacun des prévenus.

La coopération d'Eberle à l'évasion ne paraît point douteuse, d'après toutes les circonstances de la cause.

L'évasion a été préparée : ce qui le prouve, c'est le changement forcé de porteurs le jour de l'événement. L'honnête défection de Brigant au moment même, dit toute la cause. Il a résisté à la séduction ; donc la séduction a été employée.

Le concierge Roquette ne peut se disculper

du reproche de négligence; il a manqué aux devoirs que les règlemens lui imposaient; c'est une sentinelle qui n'a pas exécuté sa consigne.

Le ministère public ne sépare point, dans la discussion, le valet-de-chambre Benoît du porteur de chaise Guérin.

La position du domestique fait souffrir. Il est coupable, sans doute; mais il est victime de sa fidélité, de son attachement à ses maîtres : c'étoit à ses yeux peut-être un premier devoir; peut-être n'en a-t-il pas vu d'autre; il n'a su qu'obéir et servir : son zèle, même égaré, n'écarte pas entièrement l'intérêt qui s'attache à sa personne.

Quant à Guérin, homme de journée, il a été exposé à une violente tentation : de l'argent à gagner, et que d'argent! autant en un jour que dans une année! Il a cédé à une tentation trop forte; il a un grand fond d'ignorance. Je ne sais jusqu'à quel point, dans ces circonstances, la clémence peut à son égard adoucir la justice.

Jusqu'à présent, les faits ont une physionomie commune; on ne voit rien là d'extraordinaire. A présent, il faut parcourir des faits miraculeux.

L'intervention des Anglais ne s'explique point par les causes ordinaires. Ce sont eux-mêmes qui déclarent et qui protestent sur l'honneur qu'avant l'événement, ils ne connaissaient pas même celui qu'ils ont aidé de tous leurs efforts. Il faut les croire; mais il faut aussi qu'ils rendent un compte raisonnable de leurs actions.

L'un d'eux (c'est Bruce), vous dira qu'un billet anonyme (voyez la séance précédente), a flatté d'abord sa vanité, et ensuite ému sa sensibilité naturelle. Enfin sa tête s'exalte.

Hutchinson n'a pas éprouvé la même chaleur. C'est le sentiment de l'humanité qui l'a attiré vers Lavalette; il a cédé au désir de sauver un malheureux.

Wilson s'élève à des considérations supérieures. Il imagine qu'il y va de l'honneur de son gouvernement (signe affirmatif de l'accusé) si un arrêt de la Cour royale de Paris est exécuté. Il ne s'embarrasse pas du tout du droit de souveraineté, de l'exercice de ce droit, de l'inconcevable autorité de la juridiction française sur un sujet français.

Ah! vraiment, ce sont-là des régles communes; sa loi à lui, c'est la capitulation de Paris. Il la croit violée, et il doit laver son gouvernement de l'opprobre que cette violation fait rejaillir sur lui.

Nous répondrons à tout cela; mais examinons d'abord les faits.....

Le condamné Lavalette ne peut se tenir long-temps caché à Paris; une police active, et qui ne dort point, à cent yeux pour voir, et cent bras pour atteindre. Il faut donc que Lavalette sorte de Paris et même de la France.

Vous connaissez les mesures qui ont été prises par les accusés, et les détails du voyage. Tout était bien concerté.

Dans le langage de nos lois, cela s'appelle bien un recélé. Les lois anglaises ne sont pas plus *libérales*; elles n'admettent point l'humanité, la générosité contre l'ordre public.

Blackstone, après avoir marqué la distinction qu'il faut faire entre les délits principaux et accessoires, dit, chap. III, page 29:

« L'accessoire, avant le délit, est celui qui procure le conseil ou le commande. On est accessoire, après le délit, en donnant *asile* ou secours au coupable connu comme tel, ou *en procurant son évasion de quelque façon que ce soit.* »

Dans le délit d'évasion, la qualité des personnes n'est pas considérée; et dût l'opinion se révolter, et l'humanité en gémir, il n'est pas permis, *légalement parlant*, à un fils d'aider son père, à une femme d'aider son mari à sortir de prison.

Et si madame de Lavalette n'a pas été mise en accusation, c'est que, malgré l'ostentation de ses déclarations, la justice est restée dans le doute, et qu'elle a cru voir encore l'influence de l'autorité maritale dans l'acte par lequel une femme sauvait son mari.

Dans le délit de *recélé*, la loi ne punit plus indistinctement, elle suit les inspirations de la nature, et de pieuses exceptions sont établies pour le père, pour le fils, pour l'époux, pour le frère, et pour les alliés au même degré.

La clémence s'arrête là, et la justice est pour tous les autres.

Par une fatalité singulière, ceux qui ont voulu l'évasion, n'ont pas voulu autre chose que sauver Lavalette ; ceux qui se sont immiscés dans le recélé, ont voulu de plus exciter à la sédition et à la révolte, susciter un désordre quelconque, pourvu que ce fût du desordre : car enfin, il faut bien commencer par quelque chose.

Une correspondance nous apprend que quelques étrangers s'occupent sérieusement du *bonheur* de la France, qu'ils y travaillent, et qu'ils auroient une grande joie de réussir. Il est vrai qu'ils ont besoin d'aide, et que nous nous garderons bien de les aider. Comment donc faire pour nous rendre *heureux malgré nous ?*

Comme on faisait en 1793. On fera un appel aux *amis de la liberté ;* il y aura des mouvemens dans les provinces, un éclat terrible aura lieu dans Paris. Un bon moyen d'agitation serait la persécusion réelle ou imaginaire contre les protestans. Oh! l'excellente chose! C'est une idée qui gagnera comme un incendie, qui se répandra parmi le peuple, qui engendrera un esprit de haine contre la dynastie de saint Louis.

Mais Edouard Wilson, frère de l'accusé, jugeait mieux de l'état de la France à Londres, que Robert Wilson n'en jugeait à Paris. Il commence à se défier de ces prédictions; il attend des faits, et il observe, cet Anglais judicieux, que si la nation française était en général indisposée contre les Bourbons, on en verrait journellement des preuves. Il fait cette remarque, qu'il n'y a aucune force militaire dans les provinces, et que cependant les provinces sont tranquilles.

A ce sujet, il se dépite, il s'enflamme, et il dit que si l'on veut renverser l'ordre actuel, le feu doit être toujours entretenu, et toujours visible comme un *rayon d'alarme*, en France et dans l'étranger.

Dieu nous en préserve, et les étrangers aussi!

Nous l'avons tous vu, l'astre sinistre, précurseur des tempêtes! mais l'orage est passé, et de nouveaux signes nous assurent que la terre est pacifiée. Oui, nous sommes en paix avec nous, et nous le serons avec les autres. Les peuples ont besoin de repos, moins quelques brouillons, qui ne se reposent jamais. Pour ceux-là, la *paix est guerre*, a dit notre vieux Montaigne; hé bien, qu'ils gardent donc la guerre! le théâtre n'en sera pas étendu. Mais qu'ils ne s'imaginent pas, dans leurs folles pensées, qu'ils agiteront la France. Si on apercevait leur *rayon d'alarme*, on y courrait, mais comme on court à un incendie,..... pour l'éteindre.

Les provinces tranquilles, quoiqu'elles ne soient contenues par aucune force militaire (*l'aveu est précieux*), souffrent·sans doute; mais elles sentent d'où sont venus leurs maux. Déjà l'espérance a tenu lieu de réalité. On aperçoit, non pas seulement le terme dés maux, mais les incontestables moyens de prospérité qui appartiennent à la France. Elle a été faible un moment, puisqu'elle a été égarée et divisée. La sagesse et l'union lui rendront sa force, lui rendront le nom illustre qu'elle ne peut jamais perdre entre les nations.

Voilà ce qui est démontré pour tout homme raisonnable : mais ce qui n'est pas encore apprécié, ce qui ne pourrait pas même être compris par *les Bruce et les Wilson de l'Angleterre*.

On dira que cette correspondance est une vision; mais elle sert à l'intelligence du délit, et n'en change pas la nature.

Quant au fait de la découverte des pièces, ce que la justice sait, Messieurs, c'est qu'elle les a reçues comme pièces du procès : et si l'accusé Wilson renouvelait à cet égard des plaintes de peu d'intérêt, on lui dirait: Vous vous êtes mis, au moins d'intention, en état de guerre; vous êtes devenu à Paris un être remuant, dangereux. La police a eu les yeux ouverts sur vous comme sur votre coaccusé Bruce. La police de Londres en aurait fait autant en pareil cas : il n'est point de gouvernement assez débonnaire pour respecter les prétendus droits de ceux qui ne respectent pas son repos.

Dans la suite de son plaidoyer, M. Hua cite l'art. 248 du Code, qui déclare coupables ceux qui *ont recélé ou fait recéler* un criminel, et il établit que les accusés sont précisément dans l'un ou l'autre des cas prévus par cet article. Hutchinson a recélé, Bruce a fait recéler; Wilson a recélé Lavalette sur la route, et notamment à Compiègne. Non-seulement le fait existe, mais encore l'intention, qui est l'âme du délit.

Ici l'intention a été vraiment perverse et détestable. Je ne vous parle plus que des circonstances matérielles du délit. En général, les faits d'évasion et de recélé sont des actes timides; ils s'opèrent par la prudence, par la ruse. Celui qui fuit ou qui se cache ne veut perdre personne; et ici l'évasion se fait à main armée; et celui qui part, et ceux qui l'accompagnent, sont déterminés à employer la force, s'il y a lieu.

On emporte des armes : et contre qui seront-elles employées ? Contre les agens de l'autorité française, contre ceux qui seront chargés de les arrêter, contre tous ceux indistinctement auxquels la surveillance et la défense de l'ordre public ont été confiées.

Ici donc le délit est l'initiative d'un attentat, et sous ce rapport il a acquis toute la perversité dont il était susceptible. Il a donc provoqué l'animadversion la plus vive, la répression la plus forte et la plus étendue de la loi.

Le ministère public ayant cessé de parler, M. Claveau a présenté la défense d'Eberle, principal accusé.

Il explique ensuite, en ces termes, d'après les détails qu'il tient de Mad. Lavalette elle-même, les circonstances qui ont précédé et préparé l'évasion. La femme Dutoit s'était trouvée indisposée toute la journée ; son estomac ne put retenir quelques alimens qu'elle avait pris, et on sonna Eberle pour nétoyer l'appartement. Madame Lavalette profita habilement de cette circonstance. Quelques minutes lui suffirent pour préparer le travestissement de son mari, et lorsqu'elle sonna pour la seconde fois, tout étant disposé pour le départ, les trois personnes qui devaient jouer la scène arrivèrent sur ses pas, au moment même où on lui ouvrit la porte pour se rendre à la chaise à porteur. A cet égard, Eberle n'a pu être qu'un personnage entièrement passif. Il devait inspirer trop peu de confiance pour être associé à un projet de cette nature ; *il a été plus facile et plus sûr de le tromper.*

Quant à la faculté que l'on suppose à Eberle d'avoir reconnu Lavalette, le travestissement était tel, l'illusion était si complète, que chacun en a été la dupe comme lui, et le concierge qui a présenté la main au condamné, et le gendarme de faction à la porte extérieure auprès duquel il avait passé. Ce n'est pas d'Eberle qu'on doit exiger un perspicacité extraordinaire.

Ce propos tenu par Eberle à son camarade Bodiscart, au moment où la chaise venait de partir : *C'est drôle, ces trois femmes ne m'ont rien dit,* est exclusif de tout soupçon de complicité contre lui ; car s'il avait pris une part quelconque à l'évasion, il se serait bien gardé de tenir aussitôt un propos qui aurait pu en compromettre le succès.

La déclaration de Roquette fils chargeait Eberle, en ce qu'elle annonçait qu'il n'avait pas couru après la chaise, comme il le lui avait ordonné. Me. Claveau refute cette déclaration, 1°. en observant que les diverses dépositions de ce témoin étaient contradictoires sur plusieurs circonstances importantes ; 2°. en s'emparant du fait déclaré par plusieurs témoins, qu'Eberlé n'était rentré qu'environ un quart-d'heure après le départ de Roquette fils, ce qui indiquait bien qu'il avait fait une course pour suivre la chaise, comme on le lui avait ordonné.

Si Eberle eût été complice, dit en terminant M{.} Claveau, il aurait pris des précautions pour que les porteurs fussent disposés au moment de l'arrivée de Lavalette à la porte extérieure; il aurait enfoui son trésor; il ne serait pas venu lui-même demander des fers; n'hésitez donc pas, messieurs, à le croire innocent, et songez qu'une femme, un enfant et un vieux père attendent leur existence du travail de ses mains.

Après Quelques instans d'interruption, M. Blaque, défenseur du concierge Roquette, a la parole.

Il commence par un tableau des malheurs sans nombre qui ont, dit-il, poursuivi son client pendant sa longue et honorable carrière. Afin de faire ressortir sa probité et les sentimens qui l'ont constamment guidé, il rappelle que son aïeul, militaire distingué, servit honorablement dans l'expédition entreprise par Louis XIV, pour placer son petit-fils sur le trône d'Espagne, et qu'il fut décoré de la croix de Saint-Louis. Le père de l'accusé allait également obtenir cette distinction, lorsqu'une mort prématurée l'enleva à la carrière militaire qu'il avait parcourue. Roquette de Kerguidu, lui-même, se voua de bonne heure à la carrière des armes ; mais des circonstances particulières l'ayant contraint d'y renoncer, lorsqu'il se trouvait, avant la révolution, à Saint-Domingue, il fut mis à la tête d'une habitation considérable, appartenant à M. le duc de Maillé. Sa probité, sa vertu lui méritèrent la confiance de plusieurs personnages distingués, et il épousa, dans la colonie, une riche héritière. Les malheurs du temps le rappelèrent en France ; il perdit toute sa fortune ; mais l'adversité n'affaiblit ni son courage, ni ses sentimens. Voué par principe et par un attachement désintéressé à la cause royale, il faisait partie d'un comité de royalistes qui se réunissait dans la galerie Delhorme. Enfin, après le second retour de Sa Majesté, il demanda et obtint la place de concierge de la Conciergerie de Paris.

Le défenseur fait valoir la conduite que Roquette a tenue pendant la détention du maréchal Ney et de M. de Lavalette. Après une longue énumération de tous les faits, qu'il explique en faveur de l'accusé, M. Blaque, en se résumant, établit que son client n'est coupable ni de connivence, ni de défaut de surveillance dans l'affaire de l'évasion.

M. *Mauguin*, défenseur de Benoît, succède à

M°. Blacque. Il présente, dans son exorde, le domestique de Lavalette, compromis peut-être par l'excès de son dévouement ; il paie un digne tribut d'éloges à la conduite de madame de Lavalette, et se félicite de ce qu'au milieu des crimes et des malheurs dont nos yeux furent affligés, ils ont pu se reposer avec satisfaction sur ce noble dévouement de la piété conjugale.

Dans un exposé rapide des faits, M. Mauguin indique le moment où Lavalette quitta la chaise dans la rue de la Barillerie, comme celui, où Benoît connut l'évasion de son maître ; et il observe qu'alors qu'on ne peut signaler ici un *principal coupable*, l'accusation de complicité ne doit porter sur personne.

La déposition de madame Lavalette, qui a déclaré *que son audace avait tout fait*, fournit à l'avocat une première preuve que Benoît Bonneville n'était pas dans sa confidence.

Il puise une seconde preuve de ce fait dans les diverses circonstances de la cause ; la légèreté avec laquelle les porteurs ont été choisis le matin (car Brigant n'était connu ni de madame Lavalette ni de Benoît lui-même), le défaut de mesures pour que les porteurs fussent disposés à enlever Lavalette au moment de sa sortie.

La seule charge grave que l'instruction présente contre mon client, dit-il ensuite, est la déposition de Brigant. Opposons-la au récit de Bénoît, confirmé d'ailleurs par la déposition de Laporte, et prouvons-en l'invraisemblance. Il eût été inutile et dangereux d'offrir 25 louis à Brigant; c'eût été lui donner mal-à-propos des soupçons; *on n'a donné que 5 francs au porteur qui l'a remplacé.* D'ailleurs la circonstance de l'offre des 25 louis est tout-à-fait nouvelle : Brigant n'en a rien dit dans ses premiéres déclarations, et c'est un nouveau motif pour ne pas s'arrêter à cette déposition unique.

En terminant, M⁰. Mauguin compare la conduite de la femme Dutoit à celle de Bonneville, dans le fait matériel de l'évasion, et se plaint de ce que leur situation est si différente.

(M. le président l'interrompt en lui observant qu'il ne doit pas faire le procès à l'arrêt de la chambre d'accusation.)

Ce n'est pas pour le critiquer, mais au contraire pour l'invoquer, dans l'intérêt de mon client, que je parle de cet arrêt, dit M⁰. Mauguin.

L'avocat veut ensuite invoquer les maximes de la morale, qui recommandent aux domestiques *dévouement* et *obéissance*, maximes qui lui semblent, dit-il, contraires aux dispositions de la loi positive.

(Ici encore l'orateur est interrompu par M.
le président et l'avocat-général, qui lui observent
qu'on ne doit invoquer aucune autorité contre
celle de la loi.)

M^e. Mauguin proteste de la pureté de ses intentions, et termine en rappelant ces mots
de M. l'avocat-général lui-même, que l'accusé
Bonneville a *fait plus que son devoir*; en conséquence, il croit devoir l'abandonner avec confiance à la décision du jury.

TROISIÈME AUDIENCE.

Du 24 avril.

L'audience est reprise à dix heures et demie.

M. le président accorde la parole à M^e. Conflans, défenseur de Guérin, dit Marengo.

M^e. *Conflans*. Messieurs les jurés, vous êtes ap-
pelés à reconnaître si l'évasion du condamné Lavalette ne fut due qu'à la courageuse détermination d'une épouse réduite au désespoir, ou si elle
fut le résultat d'un complot dans lequel auraient
figuré des hommes obscurs, tel que le commissionnaire Guérin. Je viens développer devant
vous les motifs qui ont fait passer dans mon es-

prit la conviction que cet accusé n'a pu prendre sciemment aucune part à l'événement qui fait tant d'honneur au cœur de Mad. de Lavalette, et qui a sauvé la tête de son mari.

L'entreprise de Mad. de Lavalette était d'une exécution tellement difficile, qu'aux yeux de toute autre personne que cette épouse infortunée, elle aurait passé pour insensée. Cependant, inspirée par sa tendresse conjugale, elle a su conduire son projet avec assez d'adresse pour voir ses soins couronnés du succès. Il ne vous est plus permis de croire dès-lors qu'elle ait pu manquer aux premières règles que lui prescrivait la prudence ; qu'elle ait pu commettre des indiscrétions inutiles et dangereuses, et se confier à des hommes dont elle n'avait rien à espérer, tandis qu'elle en avait tout à craindre.

Guérin étoit l'un des deux commissionnaires qui portaient depuis quelques jours madame de Lavalette. Le 20 décembre, il avait pour camarade le nommé Brigant, ouvrier maçon, qui avait été pris au hasard, ce jour-là même, pour être second porteur. Madame de Lavalette ne les connaissait ni l'un ni l'autre ; comment croire qu'elle aurait été assez imprudente pour leur faire part d'un secret qu'elle n'aurait confié qu'en tremblant à l'ami le mieux éprouvé, pour mettre la vie de son mari à la disposition de ces deux inconnus, qui, par un mot, auraient pu détruire à jamais ses espérances?

Etait-il donc de toute nécessité que madame de Lavalette mît ses deux porteurs dans sa confidence? Ne pouvait-elle réussir dans son projet, sans leur en donner connaissance? On voit, au contraire, qu'elle n'attendait d'eux aucun secours; qu'elle n'avait besoin d'aucun service extraordinaire de leur part; qu'il suffisait qu'ils portassent la chaise en revenant de la Conciergerie, comme ils l'avaient fait en y allant. Puisqu'on espérait que le déguisement de M. de Lavallette ferait illusion au concierge, aux gardiens et aux guichetiers, l'on devait, à plus forte raison supposer qu'il tromperait les porteurs, qui n'avaient point de surveillance à exercer.

Il est donc absolument invraisemblable que madame de Lavalette ait communiqué ou fait communiquer son dessein à ses porteurs, et que Guérin ait pu savoir, le 20 décembre au soir, qu'il portait monsieur et non pas madame de Lavalette.

Il fallait, dit-on, que les porteurs fussent prévenus et gagnés, parce qu'il importait au succès de l'entreprise que la chaise, lorsqu'elle renfer-

mait M. de Lavalette, fût éloignée de la Conciergerie à pas précipités. Mais si la chaise eût été
emportée avec plus de précipitation que de coutume, les soupçons auraient pu être éveillés. Il
y aurait eu de l'imprudence à en donner l'ordre ; et , dans le fait , M. de Lavalette était ,
depuis quatre mortelles minutes, dans la chaise
hospitalière , losque les porteurs parurent.

Me, Conflans discute ensuite la déposition du
témoin Brigant. Il la combat par celle de Laporte, de laquelle il résulte que si Brigant quitta
le service de la chaise, ce ne fut point parce
qu'on lui aurait dit : *Il y a vingt-cinq louis à
gagner,* mais parce qu'ayant mal aux reins,
il n'avait pas le courage d'entreprendre les cour-
ses que madame de Lavalette était supposée
avoir encore à faire en sortant de prison.

Le propos attribué à Bonneville serait même
prouvé, ajoute Me. Conflans, qu'il n'établirait
pas la culpabilité de Guérin. Car enfin ce propos n'annonçait pas que M. de Lavalette dût
s'évader et qu'il fût question de favoriser sa
fuite. Si le maçon Brigant eût été assez péné-
trant pour y voir la révélation de ce grand
secret, le commissionaire Guérin , dont l'esprit
aurait été moins habile , n'aurait pas commis
un crime pour n'avoir pas deviné le mystère.

M. Conflans ayant terminé, la parole est accordée à
à M. Dupin. Il s'exprime en ces termes :

Sur le même banc où ne paraissent ordinairement que d'obscurs crimi-
nels, vous voyez aujourd'hui trois gentilshommes que la noblesse de leur
naissance, l'élévation de leurs sentimens et la loyauté de leur caractère
semblaient devoir préserver à jamais d'un pareil malheur. Mais tel est
l'effet de la prévention, elle ne se forme que sur les apparences, elle va
toujours au-delà du vrai, et ce n'est plus qu'avec effort que l'on parvient
à détruire l'ouvrage de son inconcevable facilité. Mes cliens en ont fait
la triste et fatale expérience : une sorte de colère publique s'est d'abord
élevée contre eux. On les a signalés comme capables et comme coupables
des plus grands crimes : Ils ne voulaient rien moins, dit-on, que renverser le système politique de tous les gouvernemens de l'Europe. Cependant
ils sont parvenus à se justifier sur ce point, leur défense a été entendue et
surtout sentie. Grâces en soient rendues à la justice et à la sagesse de la
chambre d'accusation.

Si par là leur tête a cessé d'être menacée, leur honneur n'en est pas moins
resté en péril, et pour eux, comme pour nous, l'honneur est tout. Leur défense n'a donc pas seulement pour objet de leur épargner un emprisonnement plus ou moins long ; c'est là ce qui leur importe le moins ; ce qu'ils
veulent avant tout et par dessus tout, c'est de conserver à eux, à leurs
familles, à leur nation plus ou moins compromise, la considération qui
leur est si justement acquise.

Leur voyage serait encore un mystère, si Wilson n'avait pas commis
l'imprudence d'en confier le secret au papier ; cette imprudence même n'aurait amené aucune révélation, si la lettre était parvenue au noble lord,
auquel elle était adressée ; mais cette lettre étant tombée entre les mains
de la police, il n'en fallut pas davantage pour motiver l'arrestation des
Anglais. Les formes dans lesquelles cette arrestation eut lieu, donnèrent
matière à leurs réclamations, parce que ces formes étaient en contradiction avec leurs lois, leurs mœurs et leurs habitudes constitutionnelles.
C'est ainsi que Wilson, ayant été mis au secret, récitait dans sa prison
l'*habeas corpus*, ne voulant pas se soumettre à des interrogatoires, par lesquels on voulait l'amener à s'incriminer lui-même.

Cette résistance ne tenait pas à un esprit de contumax, mais à l'ignorance de nos lois. Aussi, dès que son ambassadeur l'eût informé qu'il devait se conformer à la législation française, quelle loyauté, quelle franchise dans tout ce qui lui était personnel ! ses deux amis en agirent de
même. Leurs interrogatoires ont bien prouvé que leur mémoire n'était pas
organisée pour trahir la confiance et l'amitié.

Ici l'avocat retrace la marche qui a été suivie dans l'instruction, qui
d'abord n'avait pour objet que l'évasion de Lavalette, et à laquelle on
a ensuite rattaché une prétendue conspiration contre le système politique
de l'Europe. Il insiste sur ce que l'arrêt de la chambre d'accusation, ayant
écarté cette conspiration imaginaire, elle n'aurait dû être reproduite ni
dans l'acte d'accusation, ni dans le débat. Les Anglais ne peuvent donc
être accusés comme provocateurs, s'ils entrent dans une discussion à cet
égard.

Je déclare, ajoute M. Dupin, qu'il n'était pas dans mon intention d'en
parler ; mais on m'a mis dans une situation difficile : si je m'égare, je suis

un mauvais citoyen; si je mollis, je passe pour un lâche défenseur des intérêts de mon client : *in cede perignes*... Mais je connais ma nation, elle est
grande, généreuse; elle a le sentiment des convenances; il faut que des
étrangers accusés chez nous soient défendus aussi loyalement qu'ils pourraient l'être dans leur pays par des avocats de leur nation. (Murmures
d'approbation et applaudissemens.)

M. le président : On applaudit au spectacle; on écoute à la cour d'assises.

Après avoir discuté plusieurs passages de la correspondance qui
avaient été mal traduits, l'avocat fait remarquer que cette correspondance, purement confidentielle, pouvait rouler sur la politique de l'Europe, sans qu'on pût dire que Wilson n'avait pas le droit de traiter un pareil sujet.

En effet, a-t-il dit, telle est la constitution anglaise, que chaque citoyen a le droit de dire, d'imprimer et de publier toutes ses opinions; de
critiquer les actes de son gouvernement, et de s'élever contre les mesures
qui, de près ou de loin, semblent menacer la liberté publique ou compromettre l'honneur national.

Chez les Anglais, chacun tient singulièrement à l'exercice de ce
droit; et ceux dits de l'opposition y tiennent plus que d'autres, parce
qu'ils en usent avec plus de latitude.

On ne leur en fait pas un crime, car on sait bien que l'excès de leur
zèle en faveur de la liberté est suffisamment compensé par la tendance que
les ministres ont naturellement vers les excès du pouvoir et les abus d'autorité.

Eh bien, Wilson est un de ces hommes libres, jaloux de la gloire
et de la prospérité de sa nation, et qui, du reste, comme il vous le dira
lui-même, voudrait voir tout homme libre et tout état indépendant.

Voilà la liberté dont il se fait gloire, liberté qui ne doit pas être con-
fondue avec notre licence révolutionnaire; mais liberté constitutionnelle,
fondée sur la dignité de l'homme, l'amour de la justice et la connaissance
éclairée de son pays.

Mais ne croyez pas qu'en cela je veuille mettre les Anglais au-dessus de
nous. Nous avons aussi nos droits, nos libertés, notre constitution, et ils
voient bien, à la manière dont je les défends, qu'un Français est aussi libre qu'eux.

On a représenté Wilson comme l'ennemi de l'Europe : je vais vous faire
connaître qu'il est l'homme qui a rendu le plus de services à la bonne cause.

Il porte les décorations de l'Aigle-Rouge, de Sainte-Anne, de Saint-
George, de Marie-Thérèse, de la Tour et l'Épée, du Croissant, etc., etc.,
parce qu'il a fait avec distinction les campagnes de Flandres et de Hollande,
d'Irlande, du Helder, d'Égypte, de Pologne, de Portugal et d'Espagne, de
Russie, de Prusse, d'Allemagne et d'Italie; parce qu'il a été chargé de
missions importantes à Constantinople et à Saint-Pétersbourg, etc., etc.

Il s'était déjà fait remarquer par des actions d'éclat, lorsqu'à peine âgé
de vingt et un ans, il est allé combattre Bonaparte en Égypte. Unissant ses
armes à celles des musulmans, il a mérité que le grand-seigneur lui conférât
l'ordre du Croissant; et joignant le mérite littéraire à la bravoure d'un
chevalier, il est devenu l'historien de cette fameuse expédition, où l'oncle
de M. Hutchinson commandait en chef l'armée anglaise.

Wilson est encore allé combattre Bonaparte en Espagne, où il a puissam-
ment contribué à arrêter ses progrès, en recrutant lui-même cette légion

portugaise, dont la formation eut une si grande influence sur le sort de la péninsule.

C'est dans cette guerre qu'il connut le maréchal Ney : il ne craint pas d'avouer qu'il fut vaincu par lui : mais, dans sa défaite, il eut à se louer de la générosité du vainqueur; et voilà l'origine de cet intérêt qu'on a depuis attribué à des considérations politiques, sans savoir qu'il puisait sa source dans une juste reconnaissance.

A Moscou, Bonaparte a encore Wilson en tête. Dans ses bulletins, il se plaint amèrement de ce commissaire anglais; c'est, en d'autres termes, attester les services que Wilson a rendus dans cette campagne.

Lorsque Moreau fut atteint d'un boulet, Wilson était auprès de ce général, et fut le premier à le relever et à lui porter des secours.

Enfin, et pour achever ce tableau, l'aîné des fils de Wilson, enseigne de vaisseau sur le *Northumberland*, a conduit Bonaparte à Saint-Hélène!

Je vous demande maintenant, messieurs, si le général Wilson est un ennemi de la bonne cause; en un mot, si c'est un bonapartiste!

Je viens de rappeler des services; il faut que je les prouve : ce sont des rois qui vont nous servir de témoins.

Ici l'avocat donne lecture des lettres qui suivent, adressées au général Wilson.

Lettres de l'empereur de Russie.

« Monsieur le général Wilson, lorsque je vous décorai, devant la troupe, des marques de mon ordre militaire de Saint-Georges de la troisième classe (1), je rendais justice à ce zèle infatigable qui, pendant toute la campagne, vous a constamment fixé aux avant-postes, à la valeur brillante et au dévouement dont j'ai été témoin à la bataille de Bautzen, et à tant d'autres preuves d'intrépidité attestées par tous les braves des armées combinées. Il m'est agréable aujourd'hui de vous répéter par écrit des témoignages auxquels vous avez des titres aussi marqués, et de vous assurer de mes sentimens.

» A Tœplitz, le 15/25 septembre 1813.   Signé ALEXANDRE ».

« Monsieur le général Wilson, au moment où vous quittez les armées où j'ai été si souvent à portée de rendre justice à votre zèle et à la plus brillante valeur, pour suivre une autre destination, j'ai voulu vous donner une nouvelle preuve de ma satisfaction, en vous décorant de mon ordre de Sainte-Anne de la première classe. Vous en trouverez les marques ci-joint. Les braves avec lesquels vous avez si souvent combattu vous regretteront. Quant à moi, je me rappellerai toujours votre courage et votre infatigable activité; et si les événemens vous ramenaient près de vos anciens frères d'armes, je le verrai avec plaisir. Sur ce, monsieur le général Wilson, je prie Dieu qu'il vous ait en sa sainte et digne garde.

» A Fribourg, le 24 décembre 1813.   Signé ALEXANDRE ».

____

(1) Après la bataille de Bautzen, l'empereur de Russie, entouré de tout son état-major, arrivé à la tête de ses gardes, le nomma commandeur de l'ordre de Saint-Georges. L'empereur lui donna sa propre décoration.

Lettre de S. M. le roi de Prusse.

« Monsieur le général, je suis sensible aux sentimens que vous m'exprimez par votre lettre du 1ᵉʳ. janvier. En rendant justice au zèle que vous avez montré pour la bonne cause, et en particulier à votre attachement pour ma personne, je me ferai un plaisir de vous prouver en toute occasion l'intérêt que je vous porte (2).

» Bar-sur-Seine, ce 7 février 1814.   *Signé* FRÉDÉRIC GUILLAUME ».

A M. le général anglais Robert Wilson.

Lettre de M. de Metternich à Wilson, au nom de S. M. l'empereur d'Autriche.

« Monsieur le général,

» L'empereur ayant appris que vous avez perdu la croix de l'ordre de Marie-Thérèse par l'effet d'une conduite toute aussi brillante que celle qui vous a valu jadis cette distinction, m'a chargé, monsieur le général, en ma qualité de chancelier de l'ordre, de vous transmettre de nouveau une décoration à laquelle vous acquérez tous les jours de nouveaux titres (3).

» Conservateur de cette belle institution, je suis personnellement intéressé à voir porter par des hommes de votre mérite une marque de valeur sur laquelle ils ne réfléchissent pas moins de lustre qu'ils n'en reçoivent eux-mêmes.

» Recevez, monsieur le général, je vous prie, les assurances de la considération distinguée avec laquelle j'ai l'honneur d'être, monsieur le général, votre très-humble et obéissant serviteur,

Tœplitz, 24 septembre 1813.   *Signé* le comte DE METTERNICH ».

A M. le chevalier Wilson, général au service de S. M. Britannique.

« Monsieur le général,

» J'éprouve une satisfaction particulière à pouvoir vous annoncer que S. M. l'empereur, désirant vous donner une marque particulière de l'estime que vous lui avez inspirée, autant par les services que vous avez rendus comme militaire, que par la conduite loyale qui vous a distingué pendant votre séjour au quartier-général que S. M. I. vous voit quitter avec regret, s'est décidée à vous accorder la croix de commandeur de son ordre de Marie-Thérèse (4).

» Chargé en ma qualité de chancelier de cet ordre de vous transmettre la décoration ci-jointe, je me félicite, mon cher général, de trouver une

---

(2) Le général Wilson a eu l'aigle rouge après la bataille de Bautzen, pour les services rendus dans cette bataille.

(3) Le 24 avril 1794, Wilson, âgé de quinze ans, alors lieutenant de cavalerie dans le régiment du roi ; dégagea l'empereur d'Autriche qui se trouvait cerné dans le village de Villers-en-Couchée, proche Cambrai, il reçut la décoration de Marie-Thérèse ; étant monté le premier à l'assaut de la grande batterie de Dresde, il perdit sa croix en grimpant sur la muraille.

(4) Ce fut après la bataille de Leipsick. Avant Wilson, aucun Anglais n'avait eu cette décoration. Le duc de Wellington ne l'a obtenue qu'après la bataille de Waterloo.

Procès des trois Anglais.   8

page fut cité pour la justice, un jeune homme fut condamné à mort pour avoir tué une colombe qui, poursuivie par un épervier, était venue se occasion de vous réitérer l'expression de tous les sentimens d'amitié et d'attachement que je vous ai voués depuis long-temps, et qui ne sont pas moins partagés par une armée qui a été si souvent témoin de votre conduite brillante, que par tous mes compatriotes qui ont été à même d'apprécier les qualités de votre cœur.

» Recevez, mon cher général, les assurances de tous mes sentimens aussi distingués qu'inviolables.　　　*Signé* le prince DE METTERNICH ».

- Fribourg, le 4 janvier 1814.

(Les originaux de ces lettres sont écrits en français.)

Cette dernière lettre, ajoute le défenseur, rend hommage à la bonté du cœur de Wilson, et ce témoignage est assez justifié par les faits.

En 1808, des prisonniers français étant menacés, à Oporto, par des soldats portugais et par des soldats *infuriés* (5) et armés au nombre de quarante mille, Wilson s'opposa à la rage de ces derniers avec une poignée de troupes anglaises; il les contint par la crainte d'une rupture avec l'Angleterre, dans le cas où ils oseraient violer ainsi le droit des gens; et après trente-six heures d'un péril imminent, ayant été renforcé par une division espagnole, il réussit à assurer aux Français un libre passage au port.

Dans le combat de Jarentina, près Moscou, Wilson a sauvé la vie au neveu du duc de Feltre; il l'a gardé chez lui, en lui prodiguant des soins et de l'argent, et lui offrant même de le sauver.

Le neveu du prince Talleyrand, alors aide de camp du maréchal Oudinot, ayant été fait prisonnier au passage de la Bérésina, et *se trouvant en misère* (6), Wilson lui donna la moitié de son argent et de ses habillemens, et lui évita le voyage de Sibérie.

A Wilna, si M. Desgenettes, médecin en chef de l'armée française, recouvra sa liberté, il en fut uniquement redevable aux ardentes sollicitations du général Wilson. C'est le seul de tous les prisonniers à qui cette faveur fût accordée. Non content de cela, Wilson lui remit deux cents ducats pour être distribués aux malheureux Français.

Indépendamment de ce secours général, son humanité s'est signalée dans cette déroute par une foule de services particuliers, rendus notamment aux généraux Normand et de Lahoussaye, à M. Fontanges, M. Durfort, de la maison de Duras, etc., etc.

Je ne parle que des bienfaits dont les Français ont été l'objet, parce qu'ils sont de nature à vous intéresser davantage; mais Wilson ne s'est pas montré moins généreux envers les infortunés des autres nations. Un malheureux, quel qu'il fût, avait des droits assurés sur son cœur.

Serez-vous maintenant disposés, messieurs, à douter que la conduite de mon client, envers M. Lavalette, ait été guidée par d'autres motifs que l'amour de l'humanité?

Arrivé à la discussion, l'avocat établit : 1°. qu'il n'y a pas de complicité entre les Anglais et les autres accusés, 2°. que le fait dont on les accuse, considéré isolément, ne saurait d'après nos lois, d'après nos mœurs, ni à nos yeux, constituer un crime ni un délit punissable. Il termine en ces termes :

Comme les mœurs changent avec les temps!

A Athènes, dont le peuple est cité pour sa légèreté, mais dont l'aréo-

---

(5) Expression de Wilson.
(6) Autre expression de Wilson.

réfugier entre ses jambes. On jugea que celui qui était sans pitié ne serait jamais un bon citoyen.

Et chez nous, au dix-neuvième siècle, on verrait des hommes condamnés pour avoir sauvé la vie à un autre homme qui mettait son sort entre leurs mains?

Notre nation, si vantée autrefois pour sa douceur et pour sa politesse, a-t-elle donc dépouillé tout sentiment d'humanité?

On l'aurait pu croire, dans ces temps d'une liberté ennemie de la justice, où la raison vaincue par le nombre s'estimait heureuse si elle n'était que méprisée sans être punie. Dans ces temps d'affreuse mémoire, où l'on traitait en ennemi tout homme qui ne se jetait pas à outrance dans le parti dominant; où la fureur des réactions, fermant les cœurs à la pitié, faisait considérer comme indigne de vivre et de posséder ses propres biens, tout citoyen qui ne portait pas l'exagération de ses opinions jusqu'à la hauteur marquée par la passion.

Mais il n'en peut pas être ainsi sous le gouvernement paternel d'un prince que sa justice, sa clémence et sa bonté recommandent également à l'amour et à la fidélité de son peuple.

Sous le règne du petit-fils de Saint-Louis, l'humanité se confond avec la charité chrétienne. Eh bien! les ministres de nos autels nous présentent comme le triomphe de la charité l'œuvre de ce saint personnage (1), qui ne crut pas offenser les lois de son pays en faisant évader des galères un misérable dont il prit la place et les fers.

Ces actes sublimes d'humanité ne tombent pas sous votre juridiction. Les tribunaux sont institués pour punir les crimes, et non pour faire le procès aux vertus.

N'exagérons rien.

L'évasion de Lavalette en soi est bien peu de chose! Elle n'a causé aucun dommage au gouvernement;....

Quoi qu'il en soit, on a déjà reconnu que madame de Lavalette ne pouvait pas être accusée pour avoir sauvé son mari;

On reconnaîtra probablement que les geoliers ne doivent pas être punis pour avoir été induits en erreur;

Les domestiques seront facilement absous du reproche immoral de n'avoir pas trahi leur maître? — On ne donnera pas à la société, déjà si corrompue, le scandale de voir un domestique puni de sa fidélité.

Or, si ces trois premières classes de personnes sont à l'abri de toutes peines, comment les Anglais, qui, dans l'ordre des faits, comme dans celui de l'accusation, ne viennent qu'en dernière ligne, pourraient-ils raisonnablement être condamnés?

Ils n'ont point contribué à faire évader Lavalette de prison;

Ils ne l'ont point recélé après son évasion;

Ce n'est qu'après un intervalle de dix-neuf jours qu'ils l'ont conduit hors de France;

Mais ce n'est point là un fait qui soit qualifié crime par nos lois: c'est un acte de pure humanité.

Les accusés sont étrangers! ils sont Anglais!

Mais n'ont-ils donc pas des Français pour juges? Ne s'en sont-ils pas pleinement rapporté à la loyauté et à la conscience du juri français! C'est là que notre honneur national est intéressé; c'est là que vous devez redoubler de justice pour les juger, comme j'ai dû redoubler de zèle pour les défendre.

____

(1) Saint Vincent de Paule.

M.ᶜ Dupin ayant fini de parler, M.ᶜ Claveau demande la parole; après quelques contestations, elle lui est accordée.

Dans mon plaidoyer d'hier, dit-il, j'ai omis des choses importantes; je dois les ajouter. J'ai commis quelques erreurs, je dois les redresser. J'ai été attaqué, je dois me défendre. J'ai oublié de vous parler de la conduite d'Eberle; voici un certificat qui constate une probité à toute épreuve. Des personnes recommandables y ajoutent leur témoignage par ma voix.

J'ai oublié de vous satisfaire sur le propos d'Eberle : il n'était pas difficile de reconnaître M. de Lavalette à la taille. Ce propos est absurde, puisque le condamné Lavalette est à peu-près de la même grandeur que son épouse, et que, déguisé en femme, il devait paraître plus grand. Est-il croyable, d'ailleurs, qu'il eût tenu ce propos ? s'il eût été complice, un complice se tait. Quelle est donc l'explication qu'il faut donner à ce propos? Elle est fort simple : Eberle causait avec ses camarades; comment, aura-t-il dit, n'a-t-on pas remarqué la différence de taille ? Mais alors on n'avait point de soupçons pour moi je ne faisais pas grande attention, le chef étant là. C'en est assez sur ce point; pour juger un homme, il faut des actions, et non pas des paroles.

J'ai encore oublié de vous expliquer suffisamment une circonstance qui écarte le soupçon de connivence : Eberle, de 9, à 11 heures du soir, était placé à la porte de la Conciergerie. Voilà ce que m'ont attesté les employés de la maison ; voilà ce qui doit résulter des diverses feuilles de service déposées au greffe de la Conciergerie. Partant de ce fait constant, je prouve donc qu'Eberle a pu faire évader Lavalette et le maréchal Ney, dont les chambres touchent le grand guichet. Qui l'empêchait d'ouvrir la porte à ces deux prisonniers? rien. Il n'a pas manqué à ses devoirs lorsqu'il le pouvait. Comment croire qu'il y aura manqué lorsque cela lui était presqu'impossible.

Voilà pour les omissions ; quant aux erreurs que j'ai pu commettre, les voici. J'ai dit que le groupe s'était presque jeté sur Eberle, et je me suis trompé : madame de Lavalette m'a raconté que le groupe était dans le corridor, au milieu, lorsque l'on a sonné, et qu'Eberle est venu ouvrir : ainsi Eberle n'a pas même pu regarder dans la chambre du condamné, et a été trompé plus facilement encore.

Je réponds maintenant aux attaques peu généreuses qui ont été dirigées contre mon client. Pourquoi ne pas respecter le malheur de celui qui a respecté le vôtre, et qui le respectera toujours.

On dit qu'Eberle était la sentinelle perpétuelle

du prisonnier d'état Lavalette, sentinelle placée par l'autorité supérieure.

Il n'y a que des erreurs dans cette double assertion, dont on ne vous a pas donné de preuves.

Eberle a été placé à la Conciergerie, le 6 août, en remplacement du nommé Bailli ; à cette époque, le maréchal Ney et Lavalette n'étaient point dans cette prison : ainsi on ne peut supposer que l'autorité ait tiré Eberle des Madelonnettes pour l'établir factionnaire politique.

M. Vaubertrand, précédent concierge, vient d'ailleurs de m'affirmer deux choses : la première, que c'était lui qui avait placé Eberle comme domestique auprès de Lavalette ; la seconde, qu'Eberle n'était point chargé de garder à vue le prisonnier.

Et cela résulte d'ailleurs de la force des choses : Eberle, serviteur de Lavalette, qui véritablement ne pouvait se servir lui-même ; Eberle faisait encore le service ordinaire, aussi, comme tous ses camarades me l'ont déclaré, il était gardien des femmes. Vous pouvez d'ailleurs vous faire représenter les feuilles de service, et vous verrez le nom d'Eberle inscrit à l'article des femmes.

Vous allez, messieurs, prononcer un jugement que le public attend avec impatience. Faites en sorte qu'il n'étonne point.

Eberle n'a commis aucune faute, il a été passif à son poste.

Il a été trompé, et non séduit, par toutes les ruses de l'héroïsme conjugal. Prononcez donc, Messieurs, et que l'on ne dise point un jour : Le faible a été sacrifié.

M. le président demande aux accusés s'ils n'ont rien à ajouter à leur défense. Le général Wilson et M. Bruce sont les seuls qui prennent la parole. Le premier prononce le discours suivant :

Messieurs,

M. le président m'a fait trop d'honneur en disant que j'avais une connaissance approfondie de la langue française, je la parles très-mal ; ainsi je dois demander, et j'espère obtenir votre indulgence.

N'ayant point de connaissance dans le code de vos lois, dont les principes et les formes sont essentiellement en contradiction avec les lois de l'Angleterre, nous avons abandonné notre défense en entier à notre avocat, et nous lui devons toute notre reconnaissance, pas seulement pour les efforts de ses talens et de cette éloquence qu'il sait faire briller en toute occasion ; mais aussi pour le zèle généreux qu'il a déployé incessamment dans notre cause.

Cependant, il y a des explications qui me restent à donner, et que je me propose de faire avec tout le repect que je dois à l'autorité et à la majesté de la justice.

Messieurs, vous n'ignorez pas qu'une accusation beaucoup plus grave a pesé sur nos têtes. Menacés par cette attaque dirigé contre notre vie et notre honneur, nous n'avons cherché notre salut ni dans la politique des cabinets, ni dans la clémenc.

Confians dans notre innocence, nous n'avons réclamé d'aucun gouvernement que la protection d'un jugement impartial; et nous avons trouvé notre égide dans la sagesse et dans la justice de la chambre d'accusation.

Néanmoins, malgré l'arrêt de cette chambre, on a persisté d'insérer dans l'acte d'accusation un amas de faits étrangers au délit dont nous sommes présentement accusés; et en même temps qu'on m'a désigné comme un ennemi de tous les gouvernemens, pour les observations destinées aux confidences les plus sacrées, on m'a comblé devant l'Europe des expressions les plus outrageantes et les plus calomnieuses.

Né dans un pays libre, élevé avec le droit de penser librement sur toute affaire, et de communiquer mes pensées, soit par parole, soit par écrit, j'ai fait usage de ce droit.

Animé par l'amour pour la justice, l'humanité et la liberté (non pas la liberté révolutionnaire, mais la liberté sur laquelle l'ordre social de ma patrie est basé, et que nous chérissons comme le principe vivifiant de notre bonheur et de notre puissance), je me suis exprimé dans ma correspondance toujours avec l'ardeur que ces sentimens m'inspirent.

On peut sans doute trouver dans cette correspondance des nouvelles, des anecdotes, des prédictions qui ne se sont pas vérifiées. Sachant qu'elles ne devaient jamais être mises au jour *par ceux* à qui mes lettres étaient adressées, je les ai communiquées sans conséquence. Mais il n'y a pas une seule opinion à moi sur la morale de la politique que je ne sois fier d'avouer et prêt à défendre.

Il est vrai que j'ai cru voir, dans l'horizon politique de

l'Europe, des orages prêts à se renouveler et des éclairs prêts à se lancer; j'ai aussi cru voir en France des symptômes d'un mécontentement que je croyais être général; mais je n'ai fait que tracer les indices sur lesquels cette croyance était fondée.

La religion de ma politique m'empêche de m'immiscer dans les affaires intérieures des autres nations.

Je plains leurs malheurs; je désire leurs prospérité; je voudrais voir tout homme libre et tout état indépendant; mais je n'ai jamais formé ces vœux en conspirateur.

Dévoué à l'honneur et à la constitution de ma patrie, je m'oppose et je m'opposerai toujours à tout système, à tout acte qui, selon mon avis, les blesse, où même les menaces; mais je marche sous le drapeau déployé de cette même constitution, et mes armes ne sont ni le poignard, ni le poison, mais les lois et les droits de mon pays.

Messieurs, ne croyez pas que c'est un crime pour un Anglais de veiller sur les projets et de s'ériger en juge sur les actes de son gouvernement.

La liberté et *la réputation* de sa patrie est son patrimoine, dont il ne peut cesser d'être le gardien, sans trahir ce qu'il doit à *ses aïeuls*, à *ses concitoyens* et *à sa postérité*.

La nature, l'honneur et la religion ajoutent à cette obligation, et l'exercice de ce devoir fait la superbe prérogative d'un homme libre; et c'est une vérité dont vous ne douterez plus, quand vous aurez vécu plus long-temps sous un régime constitutionnel, tel que celui sous lequel vous vivez.

On a dénoncé mes principes comme affreux; mais on persuadera difficilement aux peupl s que les principes qui annoncent l'attachement à la bonne foi, la clémence, le patriotisme et la philantropie, sont des principes qui naissent d'une source criminelle.

Mais qui a donné publicité à mes pensées?

Qui s'est emparé, et par quels moyens s'est-on emparé d'une correspondance adressée seulement à des amis et à des compatriotes? adressée seulement aux yeux d'un frère et d'un personnage dont le nom porte avec soi la garantie de ce qu'il y a de plus illustre et de plus loyal dans la nation dont il fut constamment un des soutiens les plus éclairés et les plus zélés.

Ces moyens n'ayant pas pu prouver un crime, on s'en est servi pour donner plus de poids au délit dont on nous accuse. Je ne veux pas insister, notre avocat nous a rendu une trop noble justice, et surtout en vengeant l'honneur outragé de mon frère, auquel je suis si intéressé, non-seulement pour ma famille, mais encore pour ma nation.

Quant à l'accusation d'avoir conduit M. Lavalette hors de France, je ne vous tiendrai pas long-temps. Le fait est avoué, je n'ai insisté que sur les motifs.

Il est vrai que M. de Lavalette, avec qui je n'avais d'ailleurs aucune liaison particulière, m'avait inspiré un intérêt que je voyais partagé par toutes les classes de la société en France.

Il est vrai aussi que j'ai regardé M. de Lavalette comme un homme condamné dans un temps de révolution pour une offense seulement politique, et qui s'étant rendu librement, se fiant à son innocence et à la foi présumée des traités, méritait tout notre intérêt. Mais je déclare que ces réflexions si puissantes n'ont eu qu'une influence bien secondaire sur ma détermination.

L'appel fait à notre humanité, à notre caractère per-sonnel et à notre générosité nationale ; la responsabilité jetée sur nous de décider à l'improviste sur le salut ou la mort d'un malheureux ; et surtout d'un malheureux étranger ! Cet appel était impératif et ne permettait point de calculer ses autres titres à notre bienveillance.

A la voix de ce même appel, nous en aurions fait autant pour un obscur inconnu, ou même pour un ennemi tombé dans le malheur.

Peut-être nous avons manqué à la prudence . mais nous préférons et nous nous réjouissons même d'avoir cédé aux sentimens de nos cœurs.

Et ces mêmes hommes qui nous ont calomnié sans connaître ni les motifs, ni les détails de notre conduite; ces mêmes hommes, dis-je, auraient été les premiers à nous signaler comme des lâches sans cœur et sans patriotisme, si, par notre refus de sauver M. de Lavalette, nous l'eussions abandonné à une mort certaine.

Ses amis auraient réunis leurs reproches à ceux de nos ennemis, et alors, dégradés par le juste mépris du monde, dévorés prr notre propre honte, et méritant la mort (dont nous fûmes plus tard menacés) nous aurions traîné une existence odieuse et flétrie.

Messieurs, je m'abandonne avec confiance aux sentimens généreux d'un jury purement français. Si en votre âme et conscience vous pensez que nous avons offensé les lois de votre pays., et que nous leur devons un réparation, nous aurons toujours pour consolation de penser que nous n'avons pas offensé les lois de la nature, et que nous avons satisfait au devoir de l'humanité.

M. Bruce prend ensuite la parole et s'exprime ainsi :.

Je parais devant ce tribunal, accusé d'avoir contribué à l'évasion de M. de Lavalette ; si c'est un crime d'avoir sauvé la vie à
un homme, j'avoue que je suis coupable. Je ne veux, Messieurs,
tirer aucune vanité de ce que j'ai pu faire dans cette circonstance.
Un appel a été fait à mon humanité, et j'ai pensé que mon honneur m'imposait l'obligation d'y répondre.

Si l'accusation s'était bornée à l'affaire de M. de Lavalette, je
n'aurais que peu de mots à vous dire ; mais, Messieurs, j'ai été
accusé d'avoir conspiré contre le système politique de l'Europe ;
d'avoir excité les habitans à s'armer contre l'autorité du Roi. Il
est vrai que cette charge absurde, ridicule, dénuée de tout fon-
dement, et qui a excité la plus vive indignation dans toute
l'Europe, a été annullée par la sagesse des magistrats français :
mais malgré que cette accusation ait été écartée, les motifs sur
lesquels elle était basée subsistent encore. Le procureur-général
les a reproduits dans le préambule de ma mise en accusation. il
ajoute que je suis un homme imbu de doctrines anti-sociales, que
je suis ennemi, par principes, de toute idée d'ordre et de bon gouvernement, ennemi, par principes, des rois, de la justice et
de l'humanité, et l'ami des factieux de tous les pays.

Voilà, il faut en convenir, des accusations graves : mais l'explication courte que je vais vous donner de mes principes sera une
réponse victorieuse à la calomnie. Je ne m'enfoncerai point dans
les abstractions sur le droit des gens, je nem'étendrai point
en digressions sur les beaux systèmes de Platon ; je me restreindrai
à l'examen de ces principes qui ont toujours dirigé mes actions
politiques.

Je suis né anglais, j'aime avec enthousiasme la constitution de
ma patrie : c'est-à-dire, cette constitution telle qu'elle a été établie par notre glorieuse révolution de 1688. C'est alors que s'est

formé ce beau systême de gouvernement qui excite une admiration si universelle, qui sert de modèle aux autres nations, qui nous fait appeller par excellence la terre classique de la liberté; qui nous a mérité l'éloge de ce sage, de ce philosophe Montesquieu qui n'est pas le patrimoine de la France seulement, mais du monde entier, et qui dit de nous que les Anglais sont les seuls peuples au monde qui sachent user de leur religion, de leurs lois et de leur commerce. C'est de la révolution de 1688 que date la prospérité, la grandeur et la liberté de l'Angleterre.

Je dois dire que si ces principes qui sont les miens, et qui sont ceux de la constitution de ma patrie, sont subversifs de toute idée d'ordre et de bon gouvernement, que si ce sont ceux qui me font l'ennemi de tous les rois, de la justice et de l'humanité, je suis le plus coupable des hommes, et le procureur général a raison. Mais si, au contraire, ce sont ces principes qui nous ont procuré nos lois protectrices, qui nous garantissent nos propriétés et notre religion; qui ont fait d'un peuple peu favorisé par la nature, la nation la plus heureuse, la mieux gouvernée et la plus florissante de l'Europe, j'ai le droit de conclure que l'accusation dirigée contre moi est une calomnie révoltante.

Je ne peux croire que le peuple français, ce peuple si célèbre dans tous les temps pour sa sensibilité, pour son humanité et pour son caractère chevaleresque, qui compte parmi ces rois un Henri IV, ce modèle des princes; qui compte parmi ses chevavaliers un Bavard, le plus parfait de tous, sans peur et sans reproche, et dont la devise était de secourir les malheureux; je dis qu'un tel peuple ne peut coudamner un Anglais pour avoir sauvé la vie d'un Français.

Mais, Messieurs, dans l'affaire de M. de Lavalette, la politique n'était pour rien : je n'ai été mû que par les sentimens de l'humanité. Vous avez vu dans mon interrogatoire que je connaissais à peine M. de Lavalette. Il est vrai que la bonté de son carractère, l'amabilité de son esprit et la douceur de ses manières m'avaient inspiré plus d'intérêt qu'on n'en ressent en général pour une personne qu'on a si peu vue. Je n'ai jamais été chez M. de Lavalette, M. de Lavalette n'est jamais venu chez moi. Je n'ai pas encore eu l'honneur de voir sa femme, et je n'ai eu aucune communication ni directe, ni indirecte avec lui depuis le moment de son arrestation. Il vous a aussi été démontré qu'il n'existe aucune complicité entre nous et les autres prévenus.

J'ai respecté les fers et les portes d'une maison de justice : je n'ai pas été comme Don Quichotte à la recherche des aventures. Un homme malheureux, frappé par la rigueur des lois, demande ma protection, et montre de la confiance dans mon caractère ; il met sa vie entre mes mains ; il réclame mon humanité.... Qu'aurait-on dit de moi, si j'avais été le dénoncer à la police ?... J'aurais alors bien mérité la mort dont j'ai été menacé Que dis-je ? qu'aurait-on pensé de moi si j'avais refusé de le protéger ?.... On m'aurait regardé comme un lâche, comme un homme sans principes, sans honneur, sans courage, sans générosité !... j'aurais mérité le mépris de tous les gens de bien.

Mais, Messieurs, il y a aussi d'autres considérations qui m'ont décidé. Il y avait quelque chose de romanesque dans l'histoire de M de Lavalette ; sa miraculeuse évasion de prison, cette accablante incertitude entre la vie et la mort dans laquelle il est si long-temps resté ; le noble dévouement de sa femme, cette action héroïque qui vivra dans l'histoire, ont frappé mon imagination, et excité un intérêt si vif dans mon cœur que je n'ai pu résister à son impulsion.... D'ailleurs, comme dit votre Lafontaine qui, avec sa naïveté, a tout dit :

> Dans ce monde il se faut l'un et l'autre secourir,
> Il se faut entr'aider : c'est la loi de nature.

Messieurs, je suis encore jeune ; mais j'ai eu l'avantage de beaucoup voyager ; j'ai vu bien des pays : j'ai examiné avec toute l'attention dont j'étais capable les mœurs des peuples : j'ai toujours observé, même chez les nations les plus barbares, chez celles qui étaient presque dans l'état primitif de la nature, que secourir ceux qui avaient recours à leur protection était parmi eux une chose sacrée, un devoir commandé par leur religion, par leurs lois, par leurs mœurs.

Le Bedouin du désert, le Druze du Liban sacrifierait plutôt sa vie que de trahir celui qui lui aurait demandé un asile : quelque soit son pays, quelque soit son crime, il ne voit que le devoir de l'humanité. J'ai cru, homme civilisé, devoir imiter les vertus des barbares.

Messieurs, je vous avoue avec la franchise et la loyauté de mon caractère la vérité toute entière sur la part que j'ai eue dans l'évasion de M. de Lavalette, et, malgré le respect que je dois à ce tribunal, je ne peux manquer au respect que je me dois à moi-même en avouant que j'ai le moindre repentir de ce que j'ai fait.

Messieurs, j'ai tout dit : je vous laisse décider sur mon sort ; et je ne réclame que la justice.

M. le président prononce que les débats sont terminés. Il résume ensuite les charges résultant des débats, et les moyens invoqués dans la défense, les compare entre eux, et termine en posant les questions suivantes :

1°. Jacques Eberle, est-il coupable d'avoir, le 20 décembre, de connivence avec Marie-Chamans Lavalette, condamné à la peine capitale, et à la garde duquel il était préposé, facilité l'évasion dudit Lavalette ?

2°. Ledit Eberle est-il coupable d'avoir, par sa négligence, facilité l'évasion dudit Lavalette, à la garde duquel il était préposé ?

3°. Jean-Baptiste Roquette de Kerguidu, est-il

coupable d'avoir, par sa négligence, favorisé l'évasion dudit Lavalette?

4°. Benoît Bonneville, est-il coupable d'avoir favorisé l'évasion dudit Lavalette, en lui procurant sciemment les moyens de l'exécuter?

5°. Joseph Guérin, dit Marengo, est-il coupable d'avoir favorisé l'évasion dudit Lavalette, en lui procurant sciemment les moyens de l'exécuter?

6°. John-Ely Hutchinson, est-il coupable d'avoir, dans le mois de janvier dernier, recélé ledit Lavalette, en lui donnant un asile dans la maison où il étoit logé, sachant que ledit Lavalette était condamné à la peine capitale?

7°. Michel Bruce est-il coupable d'avoir, dans le mois de janvier dernier, fait récéler ledit Lavalette, et ce dans la maison où Hutchinson était logé, sachant que ledit Lavalette étoit condamné à la peine capitale?

8°. Robert-Thomas Wilson est-il coupable d'avoir, dans le mois de janvier, fait recéler ledit Lavalette à Paris, de complicité avec ledit Bruce et Hutchinson, sachant que ledit Lavalette était condamné à la peine capitale?

9°. Ledit Wilson est-il coupable d'avoir, dans le mois de janvier dernier, fait recéler à Compiègne ledit Lavalette, sachant qu'il était condamné à la peine capitale?

Il est quatre heures un quart, les jurés se retirent pour en délibérer.

La séance est suspendue.

A cinq heures, la séance est reprise.

Le président du jury donne lecture de la déclaration, portant :

Sur la première question, non, l'accusé Eberle
n'est pas coupable ;

Sur la seconde, oui, l'accusé Eberle est coupable ;

Sur la troisième, non, l'accusé Roquette n'est
pas coupable ;

Sur la quatrième, non, l'accusé Benoit Bonneville n'est pas coupable ;

Sur la cinquième, non, l'accusé Guérin, dit
Marengo, n'est pas coupable ;

Sur la sixième, oui, l'accusé Hutchinson est
coupable ;

Sur la septième, oui, l'accusé Bruce est coupable ;

Sur la huitième, oui, l'accusé Wilson est coupable ;

Sur la neuvième, oui, l'accusé Wilson est coupable.

En conséquence, M. le procureur général
ayant requis l'application de la peine, la cour,
après en avoir délibéré, est rentrée en séance,
et par son arrêt a condamné :

Eberle à deux années d'emprisonnement, et à rester, après la peine, dix années sous la surveillance de la haute police;

A acquitté Roquette de Kerguidu, Benoit Bonneville et Guérin, dit Marengo; a condamné chacun des trois anglais en trois mois d'emprisonnement et aux frais du procès.

M. le Président annonce aux condamnés qu'ils ont trois jours pour se pourvoir en cassation.

Ainsi s'est terminé un procès remarquable par la nature de l'accusation, par la qualité des accusés d'un rang si différent dans la société et tous réunis sur le même banc devant le même tribunal, par le talent avec lequel des étrangers ont parlé notre langue et soutenu leur cause, enfin par l'éloquence qu'a développé leur défenseur qui marche évidemment à l'une des plus brillante réputations du Barreau Fraçais.

IMPRIMERIE DE DOUBLET, rue Gît-le-Cœur, n9. 7.

COMMENT

M. DE LAVALETTE EST SORTI DE FRANCE, APRÈS SON ÉVASION DE PRISON.

Nota. cette relation, écrite par Me Dupin sous les yeux de ses cliens, renferme jusqu'aux moindres circonstances du voyage de M. de Lavalette. (*Seule édition correcte*).

LAVALETTE avait été condamné à mort; sa femme n'avait pu obtenir sa grâce; il allait être exécuté. Ne prenant conseil que d'elle-même, forte de ses devoirs, exaltée par son amour, enhardie par le danger même, elle sauve son époux.

Le bruit s'en répand aussitôt, mais les recherches sont vaines : confié aux soins de l'amitié la plus discrète, M. de Lavalette a échappé au glaive dont sa tête était menacée.

Les journaux donnent les détails de son évasion. Ils le font voyager tantôt en Bavière, tantôt en Belgique, ils citent le costume qu'il portait, les endroits où il a passé, les personnes qu'il a visitées, les anecdotes de sa route.

Chacun s'affermit dans l'idée que M. de Lavalette ne s'est pas seulement évadé de prison, mais encore qu'il a passé en pays étranger. On cesse, pour ainsi dire, de penser à lui; et c'est avec un vif sentiment d'intérêt que toutes les âmes sensibles reportent leur sollicitude vers cette femme héroïque, qui occupe en prison la place de son époux.

Les gardiens et les domestiques de M. de Lavalette se trouvent également arrêtés :

« Madame de Lavalette est *prévenue* d'avoir fait évader son mari;

» Les gardiens et les domestiques, prévenus d'avoir favorisé l'évasion » et d'y avoir coopéré. »

On les interroge : on entend les témoins; mademoiselle de Lavalette, à peine âgée de 14 ans, est entendue.

Bref, on instruit leur procès sur le fait de l'*évasion* ; et ils auraient été jugés pour ce fait, quand même M. de Lavalette n'eût pas quitté Paris, et alors même qu'il eût été ensuite repris. Mais on était convaincu qu'il n'était plus possible de l'atteindre, et, dans cette persuasion, on fait déjà les préparatifs de son exécution par effigie.

Insensible à son propre danger, madame de Lavalette prisonnière et même au secret, toujours incertaine sur le sort de son époux, tremblait qu'il ne fût découvert, et ne devait trouver le repos que dans la certitude qu'il était sorti de France. Elle ignorait que le zèle le plus généreux et le plus désintéressé, entrait avec ardeur dans le désir d'assurer son triomphe et de combler ses vœux.

Les amis de M. de Lavalette avaient placé leur espoir dans un jeune gentilhomme anglais, que sa noblesse, sa fortune, son indépendance et son caractère chevaleresque, leur présentaient comme seul capable de seconder le dessein qu'ils avaient formé d'éloigner M. de Lavalette.

Le 31 décembre, entre sept et huit heures du matin, Bruce reçut un billet anonyme, qui portait en substance : « Monsieur, j'ai tant de » confiance en votre loyauté, que je veux vous faire part d'un secret » que je ne puis dire qu'à vous. M. de Lavalette est encore à Paris, je » mets sa vie entre vos mains; vous seul pouvez le sauver. »

Bruce était encore au lit. Cette lettre le jeta dans le plus grand éton-

nement; après y avoir rêvé quelque temps, il dit au porteur du billet : « Je ne puis répondre pour le moment; mais, si la personne qui
» m'écrit veut se trouver à tel endroit..... à telle heure....., je lui
» ferai part de mes réflexions. »

Ces réflexions assiégeaient en foule l'âme de Bruce. Ne croyez pas cependant qu'il se soit dit : *Saisissons cette occasion de nuire au gouvernement français*. Bruce a beaucoup voyagé; il connaît les devoirs que le droit politique et le droit naturel imposent aux étrangers; et certes il aurait rejeté, sans hésiter, toute proposition qui eût ressemblé à une conspiration contre l'Etat qui exerçait envers lui l'hospitalité. Mais il se représentait ce que la position de M. de Lavalette avait d'affreux. Il admirait le noble dévouement de sa généreuse épouse. M. de Lavalette remettait sa vie entre ses mains; et, en effet, un refus le rendait à la mort ; sa femme elle-même ne pouvait lui survivre..... Bruce n'avait pas la force de refuser: la pitié, l'humanité avaient trop d'empire sur son cœur : son imagination lui montra le déshonneur et la lâcheté à côté d'un refus. Que dis-je ? il vit une sorte de gloire à sauver ce malheureux, et à assurer à madame Lavalette ce qu'il appelait *le fruit de sa belle action.* Mais, en même temps, il ne se dissimula point tout ce que l'exécution d'un tel projet avait de dangereux; si M. Lavalette était repris, on pouvait l'imputer à la mauvaise combinaison de son plan; et au risque de l'entreprise en elle-même se serait jointe la douleur d'un mauvais succès. Agité par ces sentimens divers, Bruce se rendit le même jour, vers midi, à l'endroit que lui-même avait indiqué. L'intermédiaire s'y trouva. Bruce lui dit : « Je ferai mon possible pour
» sauver M. de Lavalette; mais il ne faut compromettre qui que ce soit;
» je ne veux pas connaître le nom de la personne qui m'a écrit; je ne
» veux pas même que vous me disiez où est caché M. de Lavalette; laissez moi d'abord aviser aux moyens de le sauver. »

Bruce avoue qu'il aurait voulu pouvoir seul le sauver. Mais il en reconnut bientôt l'impossibilité. Il était encore dans cette perplexité, lorsque, le 2 janvier, le général Wilson vint le voir. Il eut aussitôt l'idée de lui communiquer son projet. Mais il réfléchit qu'il s'agissait du secret d'autrui, et il se contenta de lui dire : « Je voudrais bien vous
» communiquer quelque chose; mais auparavant il me faut l'assenti-
» ment de la personne qui m'en a parlé. »

Wilson lui demanda si c'était une bonne ou une mauvaise nouvelle. « Désagréable, répondit Bruce ; mais nous en reparlerons demain. »

Dans la soirée, Bruce revit l'intermédiaire et en obtint aisément la permission de s'ouvrir à Wilson. Celui-ci étant revenu chez Bruce le lendemain matin, 3 janvier, Bruce lui raconta ce qu'il savait de M. de Lavalette. « Il se remet, dit-il, entre nos mains: comment faire pour le
» sauver ? » Cette confidence excita la surprise de Wilson : « Ah, mon
» Dieu ! s'écria-t-il, vous aviez bien raison de me dire que c'était une
» nouvelle désagréable. Je le croyais bien hors de France, et il est encore
» à Paris..... »

Ici Wilson éprouva les mêmes inquiétudes que Bruce; non qu'il eût mauvaise opinion de l'action en elle-même; il n'y voyait que le salut d'un homme; mais il craignait d'échouer, et que l'on n'imputât le défaut de succès à imprudence ou maladresse. Cependant il n'hésita point à répondre à l'ouverture que venait de lui faire son jeune ami : « Qu'il y
» songerait mûrement, et qu'ensuite ils en reparleraient. »

Depuis quelque temps, Bruce et Hutchinson s'étaient aperçus qu'ils étaient, pour la police française, un objet d'inquiétude et de surveillance, et cette observation, qui les engageait à plus de circonspection, leur fit sentir la nécessité d'intéresser un tiers à leur entreprise. Wilson proposa à l'un de ses compatriotes (que nous nommerons Ellister, puisque l'interprète n'a pas deviné son véritable son nom) d'accompagner M. de Lavalette jusqu'à la frontière. Cet Anglais s'y fût employé volontiers; mais il était militaire, et ne put obtenir un congé de son régiment. Le jeudi 4, Wilson parla de cette difficulté à Bruce, et lui dit : « Je vois
» bien qu'il faudra que j'accomplisse moi-même la commission; cela sera
» plus difficile, mais je m'en chargerai. »

Ils conviennent donc que Bruce demandera à l'intermédiaire la mesure de la taille de M. de Lavalette, et que Wilson se procurera les passeports. Bruce s'étant procuré la taille de M. de Lavalette, la remit à Wilson. Wilson alors se transporta chez le capitaine Hutchinson, le mit au fait, et lui demanda sa coopération. Ses paroles avaient tout le poids que lui donnait sa qualité de général. Il lui parlait d'ailleurs au nom de l'amitié qui depuis long-temps l'unissait à ses oncles..... Wilson ne doute pas que Hutchinson n'eût adhéré à la proposition, par le seul effet de son bon naturel; mais il relève lui-même toutes ces circonstances, pour montrer que, si le fait est devenu punissable (ce que nous examinerons plus tard), le tort en devrait retomber sur lui plutôt que sur Hutchinson. Quoi qu'il en soit, Hutchinson consent à aider Wilson et Bruce dans leur projet. Il se charge de la mesure de M. de Lavalette, et pour ne compromettre aucun tailleur français, il la remet à un tailleur allemand, auquel il commande un uniforme de *quartier-maître du régiment des gardes.*

Ce bon Allemand, voyant la mesure, dit de suite : *Cette mesure n'a pas été prise par un tailleur.* A cette remarque, Hutchinson ne put s'empêcher de sourire; mais, faisant bientôt après réflexion aux suites qu'elle pourrait avoir, il prit le soin de détourner les soupçons de l'ouvrier, en lui disant : « Quand les habits seront faits, vous les emballerez, parce » que le quartier-maître n'ayant pas pu les attendre, est déjà parti, et » je lui expédierai la caisse. »

D'un autre côté, Wilson s'était procuré des passeports. Sans entrer à ce sujet dans aucun détail, on se borne à dire que ces passeports n'ont point été surpris aux autorités françaises; qu'ils ont été délivrés par une chancellerie étrangère; et que, s'ils l'ont été sous des noms autres que celui de Wilson, cela ne pouvait pas paraître étonnant, puisque rien n'est plus fréquent de la part des Anglais que de voyager sous des noms supposés. La seule chose intéressante à relever, au sujet de ces noms, qui étaient ceux du général Walys et du colonel Laussac, c'est que les initiales de ces deux noms étaient précisément une L... et un W..., afin que si, par événement, les malles étaient visitées, la marque du linge ne contredit pas l'énonciation des passeports. Le vendredi, le samedi et le dimanche (5, 6 et 7 janvier), furent employés à faire les préparatifs du départ. Hutchinson et Ellister allaient à la découverte, tantôt sur une route, tantôt sur une autre, et le résultat de leurs reconnaissances fut qu'il fallait préférer la barrière de Clichy. Mais comment passer cette barrière sans être remarqué? On ne pouvait songer à partir en poste; car d'après un ordre établi depuis l'évasion de M. Lavalette, un gendarme assistait au départ de chaque voyageur, vérifiait les passeports, épiait les signalemens, suivait même la voiture jusqu'à une certaine distance. Sortir à cheval paraissait le plus simple; mais, autre inconvénient, les Anglais ont une allure particulière que M. de Lavalette n'eût attrapée. On partira donc en voiture, non pas dans un carrosse hermétiquement fermé, non pas même dans un cabriolet couvert, mais dans un boguey, genre de voiture qui, ayant le moins l'air du mystère, devra aussi exciter le moins de soupçon. M. de Lavalette s'y placera avec Wilson. Hutchinson et un domestique suivront à cheval, afin, en cas d'alerte, que MM. de Lavalette et Wilson puissent se jeter en bas du boguey, prendre leurs chevaux d'escorte, et fuir à toute bride. Dans le même temps, Ellister, muni de passeport délivré sous le nom du colonel Laussac, montera dans la berline de Wilson, et sortira par une autre barrière pour aller les rejoindre à Compiègne. Là, on changera de voitures. Ellister et Hutchinson ramèneront le boguey à Paris, et les deux autres poursuivront leur voyage dans la berline. On avait choisi Compiègne pour y faire l'échange des voitures, 1° parce que cette ville était à une assez grande distance de Paris pour que cet échange ne fût pas remarqué; 2° parce que Bruce ayant appris que la brigade de son cousin, le général *Brichault* (1) était à Compiègne, et que son aide-de-camp quitterait Paris le 7 janvier pour se rendre en cette ville, avec les chevaux et les bagages du général qui

---

(1) Nom mal lu par l'interprète.

était alors en Angleterre; Bruce, disons-nous, avait prié cet aide-de-camp de recevoir Wilson à son passage, ce que cet officier avait promis beaucoup d'obligeance, et sans en demander davantage. Le samedi soir, Bruce dit à l'intermédiaire que tout était préparé pour que le départ eût lieu le surlendemain matin. Ils conviennent ensemble de régler leurs montres sur l'horloge des Tuileries, le dimanche à trois heures sonnantes; et que le même soir, à neuf heures et demie précises, M. de Lavalette se rendra chez Hutchinson, rue du Helder, n° 3.

On prit pour point de départ le logement de Hutchinson, parce que le domicile de Wilson et celui de Bruce étaient surveillés de près par les rôdeurs de la police, et aussi parce que la rue du Helder était plus proche de la barrière de Clichy, et que d'ailleurs Hutchinson avait l'habitude de se lever matin, tantôt pour aller à la chasse, tantôt pour aller à la parade.

Vous remarquerez que Wilson, Bruce et Hutchinson ignoraient complètement où était caché M. de Lavalette.

Le dimanche, Bruce va aux Tuileries pour y prendre l'heure. A neuf et demie juste, un cabriolet, dans lequel était M. de Lavalette avec un de ses amis, arrive rue du Helder, n° 3.

On frappe, et Bruce qui sortait à la même minute, se présente à lui, et lui donne un léger coup sur l'épaule, en disant : « *Goddem !* (1) » pourquoi venez-vous si tard? il y a long-temps que nous vous atten- » dons; nous avons déjà bu notre premier bol de punch. »

Et, en même temps, il le prend pardessous le bras, et le conduit dans l'appartement de Hutchinson.

M. de Lavalette avait une lévite bleue à brandebourgs, un pantalon de même couleur, bottes pardessus avec éperons, une perruque courte, et un chapeau rond.

Il n'y avait chez Hutchinson que Bruce, Wilson et Ellister, avec les domestiques de Hutchinson.

M. de Lavalette, comme on peut le croire, était très agité et fort ému de reconnaissance pour ces étrangers qui s'intéressaient si libéralement à son sort.

..... Deux minutes s'étaient à peine écoulées, qu'on sonne; un homme entre dans la première pièce et demande le colonel Laussac (c'était le nom sous lequel M. de Lavalette devait voyager).

Le domestique de Hutchinson avertit son maître. Celui-ci sort : l'inconnu répète qu'il demande le colonel Laussac.

Priez le colonel de venir, dit Hutchinson à son domestique. Ce dernier qui, sans être dans le secret, avait entendu donner à Ellister le nom de Laussac (2), va lui qu'on le demande.

Ellister se présente, et dit à l'homme qui le demandait : *Je ne vous connais pas.*

Cet homme parut surpris, parce qu'il croyait que M. de Lavalette se présenterait au nom de Laussac. Cependant Hutchinson, qui ne savait que penser de cette visite, pressait un peu l'inconnu du côté de la fenêtre, lorsqu'il aperçut sous sa redingote entre ouverte un pistolet à deux coups dont il se saisit brusquement. Au lieu de se plaindre de cette violence, l'inconnu se contenta de dire : « Je vois bien que vous êtes de nos » amis; vous êtes un homme généreux, » et il se retira.

Cet épisode n'était rien moins que rassurant. Hutchinson se hâta de rentrer dans la pièce où était M. de Lavalette, et ils allaient tous se communiquer leurs alarmes, lorsque M. de Lavalette, reconnaissant le pistolet que Hutchinson tenait à la main, pour être un des siens, les

---

(1) On sait bien que cette expression n'est pas du bon usage en Angleterre; mais Bruce dut la proférer pour mieux tromper les personnes qui étaient dans la loge du portier, et j'ai dû la rapporter pour conserver au récit toute son exactitude.

(2) Il avait été convenu qu'Ellister prendrait le nom de colonel Laussac, et qu'il le garderait jusqu'à Compiègne, où il céderait ce même nom à M. de Lavalette, avec le passeport à l'appui.

rassura, en leur disant qu'il l'avait laissé dans le cabriolet de son ami, qui, s'apercevant de son oubli s'était empressé de le lui rapporter.

(Ce pistolet est resté dans les mains de Hutchinson, et a donné lieu à quelques questions dans ses interrogatoires.)

Tranquillisé sur les suites de cet incident, M. de Lavalette se revêt les habits qu'on lui avait préparés. Cela fait, Ellister se retire.

Wilson se retire aussi, et va en société jusqu'à minuit, afin de ne donner aucun soupçon à ceux qui auraient été tentés de l'espionner.

Quant à Bruce, il est resté chez Hutchinson jusqu'à minuit. A cette heure, il a embrassé affectueusement M. de Lavalette et l'a quitté, en lui souhaitant un heureux voyage.

Le besoin de repos se faisant impérieusement sentir, M. de Lavalette s'est jeté sur le lit de Hutchinson, sans se déshabiller. Hutchinson en a fait autant. A peine étaient-ils étendus, qu'ils entendent frapper à la porte avec violence..... M. de Lavalette se lève en sursaut, et s'écrie : *Nous sommes perdus !* Mais ils ne tardent pas à être rassurés. Hutchinson vérifie que ce bruit était occasioné par un officier ivre qui s'était trompé de porte. Enfin cette terrible nuit s'achève : l'heure du départ va sonner.

A sept heures du matin, le domestique de Wilson va chercher le boguey de Bruce, et revient trouver son maître, rue de la Paix, n° 21.

Wilson monte dans le boguey; son domestique à cheval, le suit. Ils vont ainsi rue du Helder, n° 3. Wilson monte à l'appartement de Hutchinson, et dit à M. Lavalette : *Allons, tout est prêt.*

M. de Lavalette se place dans le boguey, à la gauche de Wilson. Hutchinson monte à cheval et part avec eux. Le domestique de Wilson marche après. Hutchinson se tenait à la hauteur des roues, allant tantôt d'un côté, tantôt de l'autre, et leur parlant anglais.

M. de Lavalette en savait à peine quelques mots, et feignait cependant de l'entendre. Du reste, comme il parlait assez bien allemand, il était convenu qu'au besoin, il se déclarerait *officier allemand attaché à l'état-major anglais.*

Wilson avait son uniforme de général anglais, avec une capote bleue et un chapeau rond. M. de Lavalette avait également son uniforme de quartier-maître sous sa redingote grise, et portait un shakos anglais, recouvert d'une toile cirée. Il tenait sur ses genoux le chapeau d'uniforme de Wilson, dont le plumet blanc servait merveilleusement à fixer l'attention des passans.

Ils passèrent la barrière à un pas modéré; les gendarmes les regardèrent fixement; mais le mouvement de la présentation des armes facilita à M. de Lavalette le moyen de couvrir son profil en rendant le salut.

C'est ainsi que le lundi, 8 janvier, à huit heures du matin, en plein jour, M. de Lavalette, fraîchement rasé, le visage découvert, et n'ayant pas même de passeport sur lui, sortit de Paris sans inspirer le plus léger soupçon, sans éprouver le moindre obstacle. Sur le point d'arriver à la Chapelle, Hutchinson se détacha en avant et fut à la découverte. Il trouva quatre gendarmes à cheval vis-à-vis l'auberge où l'on avait disposé le premier relais. Un de ces gendarmes s'approcha de lui, et lui demanda s'il y avait un mouvement de troupes sur la route. « Non, lui répondit Hutchinson, ce ne sera pas pour aujourd'hui ; mais » il y en aura sous peu de jours : le général ne tarde que le moment » d'arriver pour choisir les cantonnemens de sa division. »

Sur ces entrefaites, le boguey arrive; Hutchinson fait signe à Wilson, qui le conduisait, d'entrer de suite dans la cour. En un clein d'œil, ils changent de chevaux et repartent. Ils débouchaient sur la route, quand ils aperçurent encore au loin une voiture escortée par de nouveaux gendarmes. Mais Hutchinson les accosta, et leur fit tant de questions, qu'ils étaient entièrement occupés à lui répondre quand le boguey passa légèrement à côté d'eux. Comme ils approchaient de Compiègne, Hutchinson et le domestique de Wilson doublèrent le pas pour aller reconnaître le logement. A l'entrée de la ville, ils trouvèrent un sergent chargé de les conduire au quartier où était logé l'aide-de-camp chez lequel ils devaient mettre pied à terre. Charmé de cette rencontre, Hutchinson attendit alors le boguey dont la marche avait été retardée un instant, parce que Wilson, s'étant aperçu que les cheveux gris de M. de Lavalette passaient pardessous sa perruque, s'était arrêté pour les lui couper. Ils firent tous ensemble leur entrée à Compiègne, pluie battante, et traversèrent toute la ville pour se rendre au logement qui leur était préparé.

M. *Franel* (l'aide-de-camp) les reçut avec une extrême courtoisie, et leur offrit une collation qu'ils acceptèrent en attendant Ellister. Ce dernier était venu le dimanche soir loger rue et hôtel du Helder, sous le nom du colonel Laussac.

Wilson avait fait conduire et remiser sa voiture dans cet hôtel. Ellister avait été lui-même, avec son passeport du colonel Laussac, demander à la Préfecture de police des chevaux de poste. Pendant qu'on expédiait l'ordre sous ses yeux, il avait vu sur le bureau un grand nombre de feuilles imprimées portant le signalement de M. de Lavalette; on les distribuait à tout venant; et il n'avait pu se dispenser d'en accepter un exemplaire.

On lui avait remis un ordre pour *trois chevaux sur une berline devant contenir lui et son domestique*. Il emmenait ce domestique avec lui dans la berline même, afin que, cédant la place à M. de Lavalette et à Wilson, le nombre des voyageurs ne parût pas augmenté.

Ces dispositions ainsi faites, Ellister qui, comme nous l'avons dit, avait passé une partie de la soirée du dimanche chez Hutchinson, était prêt à partir le lendemain matin lundi, à dix heures. Un gendarme qui était présent, lui avait demandé son passeport pour le viser, et ne le lui avait rendu qu'après avoir exactement collationné sa figure avec toutes les énonciations du signalement. Après cette vérification, Ellister était monté dans la berline, en indiquant au postillon *la route de Compiègne par la barrière Saint-Denis*.

Cependant le gendarme n'avait pas lâché prise; il avait suivi la voiture jusqu'au Bourget; au Bourget, il avait été remplacé par un homme de police, en capote, armé d'un sabre et coiffé d'un claque; mais cet agent n'avait pas tardé à l'abandonner.

A Louvres, Ellister était descendu de voiture; un gendarme lui avait demandé son passeport; et, après l'avoir regardé, avait dit à ses camarades : « Quand le diable y serait, ce n'est pas là un officier anglais. » Bien certain du contraire, Ellister avait relevé le propos avec assurance et lui avait répondu d'un ton ferme : « Vous vous trompez. » L'observation n'avait pas été plus loin.

Ellister arriva, sans autre accident, à Compiègne à cinq heures précises, et se fit conduire au quartier où il savait que MM. de Lavalette et Wilson l'attendaient.

Aussitôt le relais fut commandé. L'aide-de-camp voulait les retenir à dîner; mais Wilson pressa le départ.

Ellister, sous le nom du colonel Laussac, fait demander trois chevaux (1) et un courrier en avant. Il était nuit, et son obscurité devait protéger les voyageurs : mais, convaincu que, pour donner moins de soupçon, il fallait, autant que possible, aller à découvert, Wilson fit allumer les trois lanternes de sa voiture. Tout est prêt : un courrier français part en avant pour commander les relais. Le domestique de Wilson monte sur le siège de la berline. M. de Lavalette y entre muni du passe-port du colonel Laussac, qu'Ellister lui avait remis. Wilson s'y place à ses côtés : il avait une paire de pistolets. M. de Lavalette n'en avait qu'un : autre était resté chez Hutchinson. Ils n'avaient de sabre ni l'un ni l'autre; et, quoique décidés à se défendre en cas d'attaque, la vérité est cependant qu'ils comptaient beaucoup plus, au besoin, sur leur présence d'esprit que sur une résistance à force ouverte.

---

(1) Quatre chevaux auraient montré trop d'impatience et un trop grand besoin de célérité; avec trois chevaux seulement, on évitait le second postillon qu'il aurait fallu prendre. C'était un Argus de moins.

Hutchinson et Ellister leur souhaitent un bon voyage; et le postillon fait *route*, en faisant claquer son fouet.

Le domestique de Wilson ne parlait pas français : c'était Wilson lui-même qui payait à chaque poste. A toute interpellation, il avait grand soin de répondre : *général anglais*, et son langage, la forme de sa voiture, la physionomie de son domestique, tout confirmait dans l'idée que les voyageurs étaient effectivement *anglais*.

Il était déjà quatre heures du matin : ils n'étaient plus qu'à deux lieues de Cambrai : mais le maitre de poste les prévint qu'ils ne pourraient pas traverser cette place de nuit, parce que les portes étaient fermées, et que le préposé aux avant-postes ne voudraient pas se donner la peine d'aller avertir le gardien.

On conçoit tout ce qu'un tel retard avait d'inquiétant : peut-être était-on à leur poursuite, et, dans ce cas, il n'était pas impossible de les atteindre. Il fallut bien pourtant se résoudre à attendre.

Pour passer le temps et éloigner les soupçons, Wilson descendit de voiture, pendant que son compagnon de voyage feignait de dormir. Il alla dans l'écurie, parla aux postillons, et gagna ainsi l'heure du départ.

A six heures, ils se remettent en route, et se présentent aux portes de Cambrai une demi-heure avant le point du jour.

Le postillon fait entendre son fouet pour avertir : personne ne répond. La sentinelle anglaise appelle cependant le préposé; mais celui-ci ne veut pas se déranger; il faut encore demeurer. Enfin le jour paraît; le porte-clefs vient et s'excuse, en rejetant la faute sur la paresse du préposé. La berline passe : quatre ou cinq voitures, retardées pour la même cause, passent en même temps. Arrivés à l'auberge, l'hôte, qui voit un général anglais, lui adresse ses plaintes de ce que le préposé, par son indolence, est cause que les voyageurs couchent hors de la ville, au lieu de descendre chez lui. Wilson lui répond qu'il n'a pas présentement le loisir d'aller en parler au commandant de place, mais qu'il le ferait à son retour. Les relais étant mis, la berline repart. A neuf heures et demie, elle arrive à Valenciennes. A la porte de la ville, un agent français se présente, et prononce la formule d'usage : *Ces messieurs ont leurs passe-ports, sans doute ? —* A cette question, Wilson met la tête à la portière, et répond : *Je suis général anglais.* On en croit son costume et surtout son accent; la voiture entre dans la ville.

Arrivés à la poste, un petit garçon demande de nouveau les passe-ports. Wilson, qui, comme on le pense bien, se chargeait de toutes les conversations, répond encore : *Je suis général anglais.* Mais le petit bonhomme insiste, en disant qu'il est nécessaire de les lui donner pour qu'il aille les faire viser par le colonel de la gendarmerie. On lui donne donc les passe-ports, en lui recommandant de se dépêcher. Il se presse en effet, et revient promptement avec les passeports visés.

Ce n'est pas tout. Il prie le général de mettre son nom et celui de son compagnon de voyage sur un bout de papier, disant que c'est pour l'auberge. Wilson écrit alors les deux noms Walys et Laussac sur un chétif morceau de papier, qu'on lui a depuis représenté dans ses interrogatoires.

A dix heures, la voiture se remet en marche. En sortant de Valenciennes, nouvelle visite de passeports, on les garde long-temps et on en prend le relevé. Wilson s'impatiente et presse le départ, non sans proférer plusieurs fois le mot par lequel les Anglais ont coutume de signaler leur impatience. Enfin, il est permis de passer outre. Wilson demande alors où est la frontière; le postillon répond : *A une lieue et demi d'ici.*

Cette distance allait être bientôt franchie; encore quelques instans et toutes les craintes étaient dissipées. Mais sur la ligne même de la frontière, ils trouvent un dernier poste de gendarmerie qui demande de nouveau les passeports : heureusement que, pour cette fois, Wilson en est quitte pour dire, comme à son ordinaire : *Général anglais.* Sur le point d'arriver, la terreur de Wilson était devenue extrême; il tremblait pour M. de Lavalette, et chaque minute de retard le faisait mourir d'impatience.

Il avait espéré de passer la frontière avant le jour, de peur des télégraphes ; et il y avait deux heures qu'ils auraient pu marcher si le temps n'avait été couvert de brouillards.

Mais enfin la voilà passée cette ligne redoutable.

Le premier mot de Wilson à M. de Lavalette fut : *Vous voilà sauvé !*

M. de Lavalette, qui avait conservé toute sa tranquillité, l'embrasse affectueusement ; et, versant des larmes d'attendrissement, il dit, avec une grande effusion de cœur : « Je rends spécialement grâces à Dieu , » de ce qu'il a permis que les généreux efforts de ma femme soient » couronnés de succès. Elle serait morte de douleur si nous n'avions pas » réussi. Je suis bien malheureux, ajouta-t-il, de voir tant de braves » gens compromis pour moi. Je sais que mes gardiens ont été arrêtés ; » mais je déclare devant Dieu, et à vous, mon généreux ami, que ces » hommes n'ont pas été corrompus et n'étaient pas dans le secret. L'af- » faire eût manqué, si on leur eût laissé le moindre soupçon, Je n'ai » d'obligation qu'à ma femme »

Dans toute la route la conversation entre MM. de Lavalette et Wilson avait été fort peu suivie. Toutes les facultés de leur âme étaient absorbées par leurs appréhensions et par les divers incidens du voyage. Si par fois Wilson rompait le silence pour arracher M. de Lavalette à sa rêverie, il lui parlait de choses qui pussent le distraire de sa situation.

C'est ainsi qu'ils s'entretinrent de l'expédition d'Egypte, où M. de Lavalette avait commencé de servir Bonaparte, et où Wilson avait commencé de se signaler contre lui.

Mais, quand ils eurent passé la frontière, ils ne craignirent plus de discourir sur l'affaire même de M. de Lavalette. Celui-ci raconta à Wilson comment sa femme était venue à bout de le sauver ; comment son travestissement eut lieu en un clin d'œil, dans un moment où le geolier venait de sortir de sa chambre pour faire une commission ; la peur qu'il avait d'accrocher les plumes de son chapeau en passant les guichets ; le risque qu'il avait couru d'être repris par la faute des porteurs qui s'étaient absentés ; comment, ayant trouvé sur le quai le cabriolet d'un de ses amis, cet ami était descendu, et lui avait adressé la parole, en disant : « Madame, je vous offre mon cabriolet, vous irez » plus vite ; » comment, après y être monté, cet ami lui avait dit : « Otez votre douillette et votre chapeau de femme ; mettez cette redin- » gotte, prenez cette perruque, etc., etc. ; » comment enfin, après avoir couru dans Paris plus de deux heures pour faire perdre sa trace aux limiers de la police, il avait été se blottir dans la maison qui lui avait servi d'asile jusqu'à la veille de son départ.

Après ce récit, il ne craignit pas d'apprendre lui-même de Wilson, s'il était vrai qu'on dût réellement le faire mourir, etc. etc.

Et il s'épuisa de nouveau en protestations de reconnaissance pour ses généreux ami. Quel autre nom aurait-il pu leur donner ?

Ces entretiens les conduisirent jusqu'à Mons. On ne leur demanda pas de passeport ; ils y restèrent ensemble quatre à cinq heures.

Avant de se séparer, Wilson, dont la sollicitude était inépuisable , prévoyant le cas où M. de Lavalette serait arrêté dans sa route, lui donna pour S. M. le roi de Prusse, dont il avait l'honneur d'être personnellement connu, une lettre dans laquelle il intéressait ce monarque en faveur de M. de Lavalette. Cette lettre portait sur l'enveloppe le contre-seing du général Wilson ; de sorte que si M. de Lavalette eût été arrêté, il eût demandé à être conduit au roi pour lui remettre sa dépêche. Wilson lui remit une autre lettre dans le même sens pour le ministre anglais, à la résidence de......

M. de Lavalette embrassa encore Wilson, et se sépara de lui, en lui jurant une reconnaissance éternelle.

Wilson est revenu par Maubeuge et Laon, et est rentré à Paris par la barrière Saint-Martin , *le mercredi soir* (10 janvier), après soixante heures d'absence.

FIN